감정은 어떻게
진화했나

人は感情によって進化した―人類を生き残らせた心の仕組み　石川幹人
"HITO WA KANJO NI YOTTE SHINKASHITA – JINRUI WO IKINOKORASETA
KOKORO NO SHIKUMI" by Masato Ishikawa

진화 심리학의 관점으로 바라본
인간에 대한 이해

감정은
어떻게
진화했나

이시카와 마사토石川幹人 지음 | 박진열 옮김

✎라르고

들어가는 말

    독자 여러분은 '감정'이라고 물으면, 어떤 인상을 받습니까? 저는 수업시간에 가끔 학생들에게 물어본 적이 있습니다. 그러면 학생들은 "감정은 이성의 반대말", "어떤 상황에서도 감정적으로 되어서는 안 된다", "그리 좋지 않은 이미지" 등의 대답이 많이 나옵니다.

    그러나 감정에 관한 연구는 지난 반세기 동안 꾸준한 성과를 얻었고, 우리들의 일상을 둘러싼 감정의 의미는 많은 변화를 겪어왔습니다. 더구나 최근에는 '감성 지능'이라든지 '감정 경제학'처럼 '감정'이라는 단어가 특히 주목받습니다. 이는 감정의 중요성에 많은 사람들이 주목하고 있기 때문이라고 생각합니다.

    이 책에서는 다양한 구체적인 예를 바탕으로 일상에 있어서의 감정의 역할을 찾아내고, 감정이 우리들을 둘러싼 생물 진화의 역사에 어떠한 영향을 미쳤는지를 생각하고자 합니다.

감정 표현의 의미는 지구상에 포유류가 나타났을 무렵에 이미 인류의 조상이 갖고 있었습니다. 감정은 살아남는 데 필요한 기능으로서 생물 진화의 역사를 통해서 서서히 누적되어온 것입니다.

포식자로부터 도망가게 하는 '공포' 감정은 비교적 빠른 단계에서 인류의 조상(아직까지는 동물에 가까운)이 배운 것이고, 개체의 상하 관계를 형성하는 '분노'와 '위협'은 무리를 형성하는 단계에서 몸에 밴 것입니다. 인간(호모 속)으로 진화한 단계에서는 협력 집단이 갖춰지고 그것을 유지하는 역할로서 '죄책감'과 '의리' 등의 복잡한 감정이 진화했습니다.

인간의 감정에는 문화와 교육에 의해서 습득된 것도 있지만 더 많은 부분은 태어나면서 몸으로 배운 것입니다. 감정을 포함한 마음의 구조가 생물 역사 속에서 어떻게 진화했는지를 규명하는 학문을 '진화 심리학'이라고 부릅니다. 다만 과거의 역사를 논하는 것만이 아닌 현재 우리의 마음이 어떠한지, 장래의 인간 사회는 어떻게 변할 것인지에 대해 진화 심리학의 논의는 계속 전개되고 있습니다.

또 이 책에서는 '감정'이라는 말을 일상의 용어보다 꽤 넓은 의미로 사용하고 있습니다. 기쁨과 분노 같은 짧은 시간에 변화하는 '감정', 신이 나거나 초조함 등 장시간에 걸친 '기분', 호기심이나 혐오감 등의 '행동 경향 요인', 그에 따른 욕심이나 애정, 웃음이나 통증 등도 포함하여 생각하고 있습니다. 독자 여러분이 느끼기에는 내가 하는 이야기가 다소 명확하지 않게 여겨질지 모르지만, 끝까지 읽어보시기 바랍니다. 환경에 맞게 진화한 '마음의 구조'라는 관점에서 정리하면 이해하는 데 도움이 될 수 있을

겁니다.

또 각 장은 제목만 보면 각각 독립적으로 읽을 수 있게 보입니다만 첫 장에서 마지막 장까지 차례로 읽는 것을 전제로 썼기 때문에 순서대로 읽는 것을 추천합니다.

자, 그럼 오랜 옛날부터 내려온 '감정의 진화'를 찾아 모험을 떠나시죠.

차례

차례

'야생의 마음'과
'문명의 마음'

'감정'의 반대말이 뭐냐고 물으면 '이성'이라고 답하는 사람이 많다. 감정은 자연적으로 북받쳐서 발생하는 것이지만 이성으로 좀처럼 컨트롤하기 어려운 점도 있다. 감정이 어느 정도 동물적이고 신체에 밀착한 마음의 작용인 반면, 이성은 두뇌로 생각하고 이를 행동으로 옮기는 의지가 상당 부분 작용하기 때문이라고 생각하는 것 같다.

감정과 이성이라는 직감적인 분류를 생물 진화의 역사에 맞추어 해석하는 방법이 있다. 감정은 태곳적의 '동물의 시대'에 형성되고, 이성은 '인간의 시대'에 형성됐다는 식이다. [*1]

오래된 마음 : 동물의 시대에 이미 형성되었고, 감정을 중심으로 하는 마음. 신체를 기반으로 자동적으로 움직인다. 현대에서는 그 일부가 '억제해야 할 기능'으로 알려졌다.

새로운 마음 : 인간의 시대가 되면서 나타난 이성을 중심으로 하는 마음. 뇌를 기반으로 사고에 의하여 움직인다. 현대에서는 그 일부는 '배워야 할 기능'으로 알려지고 있다.

뇌 구조를 보더라도 이 분류에 상응하는 구조가 보인다. 인간

이외의 동물은 소뇌와 뇌간 등의 '오래된 뇌'가 중심이 되어 일하고 있지만, 인간에게서는 대뇌를 중심으로 한 '새로운 뇌'가 '오래된 뇌'를 감싸며 크게 발달하고 있다(그림 1). 또한, '새로운 뇌'는 복잡한 사고를 담당하고 있는 반면 '오래된 뇌'는 몸을 움직이는 등의 기본적 생존에 관계된 작업을 맡고 있다. 다시 말하면 의식적인 행동을 취할 때는 '새로운 뇌'가 '오래된 뇌'에 '명령을 한다'라고 할 수 있다.

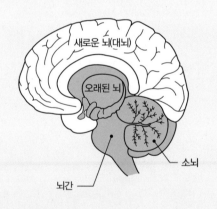

그림 1 오래된 뇌와 새로운 뇌

'새로운 뇌'가 '오래된 뇌'를 덮고 있다면, '새로운 마음'도 '오래된 마음'을 이용하고 그 위에 구축할 수 있을 거라고 생각한다. 이런 관계를 기반으로 하는 것이 감정에 대한 진화의 역사이다.

감정은 오랫동안 동물로서의 진화를 거쳐서, 인류에게서 진화해왔다. 그것은 생활환경 적응의 역사이다. 예전부터 생활환경에 어울리는 형태로 감정이 만들어져 온 것이다. 감정은 살아가기 위한 노하우로서 발달해 주로 '오래된 마음'에 포함되어 있고, 그 일부는 '새로운 마음'에도 큰 영향을 주고 있다.

그리고 '새로운 마음'은 '오래된 마음'과 타협하면서 지금도 발전하고 있는 중이다. 감정은 '새로운 마음'의 기능을 돕고는 있지만 하찮게 취급되는 경향이 있어서 아직 충분히 활용되고 있지 않다. 그러나 '새로운 마음'이 발전하는 방향성을 확보하기 위해서는 올바른 감정 사용법을 아는 것이 중요하다. 그런 점에서 감정의 유래나 기능을 찾아가는 '진화 심리학'이 좋은 단서가 될 거라 생각한다.

서장

'야생의 마음'과 '문명의 마음'

'감정'과 '이성'은 완전히 다른 것이 아니다

그러면 우선, 감정에 관한 현대적 관점을 이해하기 위해서 샤크타와 징거(Schacter & Singer)가 1960년대에 실시한 '놀라운 실험'을 소개하고자 한다. 이 실험은 네 가지의 사실을 나타내고 있다. 설명을 알기 쉽도록 하기 위해 상세 부분은 생략했다. 그래도 다소 복잡한 이야기라 세세한 곳에 흥미가 없는 사람들은

사실들만 확인하고 다음에 읽어도 괜찮다. *2

샤크타는 실험 참가자 일부에게 아드레날린이라는 호르몬을 주사했다. 아드레날린에는 얼굴이 붉어지거나 심장 박동 수가 상승하는 흥분 작용이 있다. 처음 참가자에게는 주사된 약재에 흥분 작용이 있다는 것을 알려주지 않았다.

실험 참가자는 그 후 한 사람씩 방으로 안내되었다. 그 방에는 실험자에게 미리 고지된 벚꽃이 있고, 춤추거나 노래하거나 방 안에서 즐겁게 일정 시간을 보내게 했다.

주사를 맞은 참가자들과 그렇지 않은 참가자의 행동을 비교했더니 실험 결과 주사를 맞은 참가자의 대부분이 벚꽃을 보고 기뻐하며 춤추거나 노래를 불렀다. 이 실험에서 한 가지 사실을 알 수 있었는데, 감정의 생리적 측면이다.

① 아드레날린 같은 호르몬이 작용하면 감정에 영향을 미친다.

다음에는 변경된 실험을 했다. 실험 참가자가 벚꽃을 보며 즐거워하는 동안 질문을 하고 그에 답하게 하는 실험을 했다. 주사를 맞은 실험 참가자는 벚꽃을 보고 즐거워하면서도 화를 내는 경향이 있었다. 호르몬에 영향을 받은 감정이 주변에 맞추어 즐겁기도 하고 분노가 발생하기도 한 것이다. 이것이 두 번째 사실, 감정의 사회적 측면이다.

② 주변 사람들의 영향이 감정 형성에 관여한다.

또 다음은 주사를 맞는 실험 참가자에게 약재에 흥분 작용이 있다고 전하고 벚꽃 방으로 안내했다. 이들은 주사를 맞지 않은 참가자처럼 벚꽃을 보고 그다지 흥분하지 않는 경향을 보였다.

이것은 참가자들에게 흥분 작용을 알려주면 참가자들이 '마음이 흥분하고 있지만 그것은 주사된 약 때문이니까 자기의 마음과 주위의 사람이 떠들고 있는 것에 상관하지 않는' 것이라고 해석할 수 있다. 반대로 앞서 약물의 흥분 작용을 고지하지 않았던 참가자들은 '주위의 사람이 떠들고 있다. 나도 흥분된다. 나는 즐거움(혹은 분노)을 느끼고 있다'라고 해석하고 있다는 것이다. 어떤 해석을 하느냐에 따라 감정의 종류가 결정된다는 감정 인지적 측면이 존재한다. 이것이 세 번째 사실이다.

③ 감정의 형성 과정에는 해석이 따른다.

인지란 사고, 학습, 기억, 해석, 지각, 판단 등 마음의 작용을 총칭하는 것으로 예전부터 이성의 기능으로 알려져 있다. 특히 해석은 의식적인 이성의 특권으로 여겨졌던 것이지만, 사실은 무의식중에 해석 작용에 일정 부분 영향을 끼친다는 것이다.

'자신의 감정이 형성될 때에 스스로 해석을 하고 있는' 걸 자각하는 사람은 거의 없다. 그럼에도 이 해석이 무의식중에 진행되고 있는 것이다. 그리고 그 해석의 결과만이 의식에 영향을 준다. 이것이 네 번째 사실이다.

④ 감정에 관한 해석이 무의식적으로 이루어지고 있다.

우리들 마음의 인지적 과정이 대부분 무의식적으로 이루어지고 있다는 것을 추측할 수 있다. 샤크타의 실험은 이런 사실을 밝혔다는 점에서 '놀라운 실험'이었다.

오래전부터 '감정은 이성의 반대'로 불리는 경향이 있었다. 사고와 판단의 의식적인 면에만 한정된 것이 이성이라면 감정의 반대라는 것도 납득이 간다. 하지만 위에서 말했듯이 무의식적 사고와 판단도 포함한 인지에 대해서는 오히려 '감정과 인지는 함께 작용하고 있다'라고 생각할 수 있다.

'감정'이 '사고'를 조종한다

우리는 이제 의식적이라고 생각해왔던 사고 프로세스에 무의식적인 감정의 관련 가능성을 알게 되었는데, 감정이라는 말에는 종종 좋지 않은 이미지가 따라다니지만 사고에 기여하고 있다면 생각을 다시 해봐야 한다.

바둑의 명인은 여러 가지 수를 생각한다. 그런데 모든 수를 생각하기에는 시간이 부족하다. 따라서 생각하는 범위를 좁히지 않으면 안 되는데 거기에 감정이 관련되어 있다고 추측된다. '이 돌 주변을 생각해야겠어'라는 좋은 감정과 '이 주변은 생각해도 소용없어'는 체념감에는 감정적인 요소가 있는 것이다.

뇌 과학자인 안토니오 다마시오(Antonio Damasio)는 '신체적 표지(Somatic marker)'라고 명명하고, 사고에 있어서 감정의 중요성을 주장하고 있다. 사고 프로세스 곳곳에서 일하는 감정적인 요소가 사고를 조종하는 '표지(marker)' 역할을 하고 있다는 것이다. 그리고 그 감정적인 요소는 몸을 컨트롤하듯 오래된 뇌가 담당하고 있다고 한다.[3]

좋은 '표지'가 완성되면 사고가 능숙하게 된다. 그런데 그것을 완성시키기 위해서는 상당한 신체적인 훈련이 불가결하다. 오래된 뇌에는 몇 번이고 고뇌하는 훈련이 필요하다. 고수의 바둑 기사가 되기 위해서 피땀 흘린 '수업'이 필요했던 것과 마찬가지로.

감정이 고조되면 기억과 학습의 효과가 향상되는 것으로 알려져 있다. 최근 화제가 되고 있는 '감정 경제학' 또는 '행동 경제학'으로 불리는 분야에서는 감정 상태가 소비자 행동에 어떤 영향을 미치는지를 중요하게 다루고 있다.[4]

감정은 어쩌다가 부정적 이미지로 비춰지게 되었을까. 하지만 감정에는 긍정적인 면이 많다. 우리가 즐겁고 유쾌하게 지낼 수 있는 것도 감정이 있기에 가능한 일이다. 더불어 살면서 즐겁고

유쾌하게 생활하면 좋은 일 아닐까. 감정이 부정적으로 수용되는 것이 오히려 불가사의한 것이다.

내 생각에 분노, 증오, 원한과 질시가 사회적 문제가 되기 쉬우니 그것을 미연에 방지하는 방법으로 감정 부정론이 강조된 것이 아닌가 한다. 그런 부정적인 감정을 억제하면 사회가 평화롭게 된다는 것에 집중하고 있는 것이다. 그러나 역으로 분노가 평화로운 사회를 만든다는 분석도 가능하다. 사회의 규칙을 안 지킨 사람을 규탄하는 등의 분노는 평화에 큰 역할을 한다. 그러한 감정이 전혀 없다면 사회는 무법천지가 될 수도 있는 것이다.

이처럼 감정에는 의외의 효용이 가득하다.

'감정'은 정글과 초원에서 왔다

그러면 왜 우리에게는 감정이 있을까? 최근 주목받고 있는 진화 심리학에서는 생물 진화의 역사에서 그 기원을 찾고 있다. 음식을 찾아서 '기쁘다'고 여기게 된 동물들이 그 자연 환경 속에서 더 잘 살아가기 위해서 그런 감정을 가진 자손이 늘었다는 설명이다. '기쁘다'는 감정으로 호르몬의 분비가 늘어 뇌의 학습이 촉진된다. 확실한 것은 말할 수 없지만 많은 동물에게서 원시적인 감정이 발견된다는 점이 이런 사실을 뒷받침한다.[*5]

특히 침팬지 등 사회 집단을 형성하는 동물에게서 인간에 가까운 감정을 잘 볼 수 있다. 침팬지는 주변에 침입자가 생기면 화를 낸다. 어미와 새끼 간에는 친밀한 애정도 있다. 털 고르기 행동을 보면 사회적 공감대도 있을 것이라고 짐작할 수 있다. 이러한 감정은 사회적 환경 속에서 함께 원활하게 살아갈 수 있는 방법으로서 비롯되었을 것으로 여겨진다. 마찬가지로 감정은 인류에게서도 볼 수 있다. 아마, 생물 진화의 역사를 통하여 전승되었을 것이다.

여기까지의 논의를 보면 감정은 '오래된 마음', 이성은 '새로운 마음'이라고 단언할 수 없는 상황이 드러나고 있다. 게다가 '오래된 마음'은 의외로 중요하다는 것도 알 수 있다. 또 '새로운 마음' 하면 '오래된 마음'과는 무관하게 별도로 형성된 듯한 인상을 받지만 실제로는 '오래된 마음'을 크게 이용함으로써 성립되었다. 따라서 이 책에서는 인간 진화의 역사를 명확하게 알기 위해서 더 타당한 표현을 쓰도록 하겠다. 그것은 성립 시기를 기준으로 한 '야생의 마음'과 '문명의 마음'이라는 용어이다(그림 2).

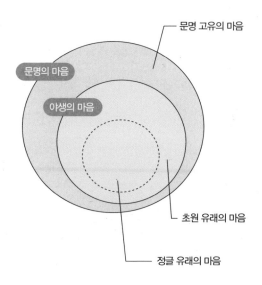

그림 2 역사적 유래에 근거한 '문명의 마음'의 구조

'야생의 마음'은 그것이 진화한 시대 배경부터, '정글에서 유래한 마음'과 '초원에서 유래한 마음' 두 가지로 구별할 수 있다. '정글에서 유래한 야생의 마음'에는 인류의 조상이었을 동물이 주로 정글에서 생활하던 시절에 익힌 다양한 마음의 움직임을 포함하고 있다. 이들의 마음의 움직임은 침팬지 등의 영장류와 비슷한 점이 보인다.

'초원에서 유래한 야생의 마음'에는 인류와 침팬지의 공통 조상이 분기한 뒤에 형성된 원한과 질시, 호기심이나 희망 등 복잡한 감정이 포함된다. 진화 심리학에 따르면 이들 감정의 진화는 인류의 조상이 정글에서 초원으로 나온 계기가 되었다. 인류(호모 속)는 약 300만 년 전부터 1만여 년 전 사이, 초원에서 100명 정도의 집단을 형성하면서 수렵 채집 생활을 하고 있었다. 그래서 침팬지 등과는 달리 인간에게는 생활환경에 맞는 감정이 특별하게 진화했다.

그러다 1만 년 전에 농경이 발명되어 정착 생활을 하면서 인구가 폭발적으로 증가했다. 과학과 기술도 발전하고, 오늘날의 문명사회가 세워진 것이다. 1만 년이라는 기간은 생물 진화의 역사에서 보면 극히 짧은 시간이다. 이런 단기간에, 진화는 충분히 이루어지지 않았을 것이다. 즉 우리는 수렵 채집 사회에 어울리는 감정을 가진 채 문명사회에 살고 있다는 것이다.

수렵 채집 시대의 감정 그대로가 오늘날 사회에 통용되기는 아마 힘들 것이다. 그 당시의 감정이 있는 그대로 드러나면 현대에서는 오히려 문제가 될 수도 있는 것이다. 하지만 '야생의 마음'이라는 다양성을 가진 마음의 기능은 유연하고 적절하게 일상에 섞여들어 발전해왔다. 오늘날 이성이라고 부르는 의식적인 부분의 기능 덕분이다.

이 책에서는 이러한 문명 시작 이후에 길러졌다고 생각되는 마음을 '문명 고유의 마음'이라고 부르고 '야생의 마음'에 이 '문명 고유의 마음'이 더해진 것을 전체로서 '문명의 마음'이라고 부른다. 즉 현대를 사는 우리의 마음은 '문명의 마음'이며 그 안에 '야생의 마음'이 숨어 있는 것이다.

감정에 대해 이러한 역사적 인식이 있으면 개인으로서도 사회로서도 '감정의 발로'에 대해서 너그럽게 대할지도 모르는 일이다. 그 발로는 옛날에는 도움이 되었을지 모르지만, 지금은 그렇지 않을 수도 있다. 또 감정의 배경 구조를 이해할 수 있다면

그것을 통제하거나 적극 이용하는 방안도 생각할 수 있을 것이다.[6]

그럼 각각의 감정마다 탐구를 진행하고, '문명의 마음'에 대해서 생각해보기로 하자.

CHAPTER 01

공포와 불안

———

산을 걷다가 근처의 수풀에 무언가가 움직여 눈길을 보냈더니 초목 사이에서 이빨을 드러낸 멧돼지가 얼굴을 내밀었다. 위험하다고 생각할 시간도 없이 심장은 두근두근, 등에서는 식은땀이 흘렀다. 도망갈지 싸워야 할지 빠른 판단이 필요한 시점이다.

이것이 전형적인 '공포'이다. 몸에서는 아드레날린이라는 호르몬이 분비되고 재빨리 신체 동작이 가능한 상태로 변한다. 산행의 즐거운 기분은 단숨에 사라져버린다.

공포는 위험한 상황에 처한 때에 재빨리 대응하기 위한 마음의 작용이다. 만약 우리 조상들에게 공포의 감정이 없었다면 잘 살아갈 수 있었을까?

01

공포와 불안

'고소 공포'도 '폐소 공포'도 유전된다

우리는 어떤 것을 두려워하는 걸까. 고소 공포, 폐소 공포, 광장 공포, 어둠에 대한 공포, 물에 대한 공포, 첨단 공포, 뱀·거미 공포, 유령 공포 등이 있다.

이런 공포들이 존재하는 데는 진화적 이유가 있다. 우리 조상이 살던 환경에는 각기 여러 가지 위험이 있었는데, 어떤 위험이 있었는가에 따라 각각 특정 공포 감정이 진화한 것이다.

그리고 그것들은 모두 '정글에서 유래한 야생의 마음'에 편입된, 태어나면서부터의 마음의 구조이다. 생물학적으로 말하면, 우리의 유전 정보에 포함되어 있는 것이다.

예를 들어 고소 공포는 높은 나무 위에서 살던 시대에 진화한 것이라고 여겨진다. 그런 상황에서는 떨어지면 죽을 게 분명한 높이에는 가지 않는 편이 좋을 것이며, 죽음을 느낄 수 있는 높이에 대한 공포를 가지고 살아가는 것이 필요했다.

폐소 공포와 광장 공포처럼 서로 모순된 공포도 있다. 폐소 공포는 좁은 곳에서 습격당했을 때 도망가기 힘든 상황에서 유래한 공포이고, 광장 공포는 넓은 곳에서 공격받으면 숨을 곳이 없다는 공포에 대한 감정이 몸에 밴 것이다.

쥐처럼 어두운 밤에 활동하는 야행성 동물에게는 광장 공포는 있을 수 있지만, 어둠에 대한 공포는 없을 것이다. 쥐는 어둠 속에서 생활하기 때문에 어둠을 선호하지 두려움을 가질 필요가 없다. 인간에게 광장 공포와 어둠 공포가 함께 있다면 이는 각기 다른 시기에 형성된 흔적이라 생각된다. 인류의 조상이 광장에서 적에게 습격당하는 생활을 하던 시기와, 어둠 속에서 적에게 습격당한 생활을 하던 때가 있었다는 것이다.

지난 세기의 사회에서는 감정의 경험론이 지배적이었다. 경험론에 따르면 어릴 때 무서운 체험을 해서, 그것에 의해서 공포 감정이 심어진 것이라고 한다. 만약 그렇다면 고소 공포증을 가진 사람들은 모두 어릴 적에 높은 곳에서 떨어지는 체험을 했다고 보아야 한다.

근래에 들어서는 다른 견해가 등장해 감정의 구조는 타고난다는 본능론이 우세하게 되었다. 이러한 본능론의 핵심이 되는 연구 분야가 진화 심리학이다. 진화 심리학에 따르면 사람은 많든 적든 어느 정도의 고소 공포증을 갖고 태어나는데, 높은 곳에서의 생활은 그 공포를 오히려 극복하는 역할을 한다는 것이다.

반대로, 진화의 역사에 나타나지 않은 공포는 웬만해선 습득하기가 어렵다. 예를 들어 아이에게 눈(雪)에 대한 공포를 학습시키기 위해 흰 토끼나 하얀 천 따위를 아무리 보여주고 겁을 주어도 아이는 좀처럼 눈을 무서워하지는 않는다.

나는 어렸을 때 거대물에 공포를 느꼈다. 거목과 큰 불상 등을 보면 가슴이 무너지는 듯했다. 나의 할머니는 큰 가스탱크가 있는 한 동네에 살고 있었는데, 가스탱크 앞을 지나지 않으면 할

머니 집에 갈 수가 없었다. 나는 그 길에 접어들면 항상 가스탱크가 보이지 않는 밑으로 조심스럽게 걸어갔던 기억이 난다.

고등학생 정도 나이가 되면서 나의 거대물 공포는 자연스레 없어지고 거의 잊어버리게 되었다. 그런데 요즘 성장한 딸과 이야기를 하다가, 딸도 그 공포를 가지고 있다는 것을 알 수 있었다. 특정한 것에 두렵거나 가슴이 콩닥콩닥하는 것이 일치하는 것이다. 딸과 '함께' 공감하고 기뻐하는 모습을 아내와 아들이 명한 모습으로 쳐다보던 기억이 난다.

진화 심리학에 근거하면 나의 거대물 공포가 딸에게 유전되고 아들에게는 유전되지 않았다고 추측할 수 있다. 태초에 도움이 된 공포 감정의 일부가 현대까지 내려와 일부 인간에게 이어지고 있는 것이다. 거대 공룡이 활보하는 시대가 재래하면 나와 내 딸처럼 거대물 공포를 갖춘 개체가 살아남기 쉽고 보다 유리하게 될지도 모른다.

여러 가지 감정의 흔적은 장차 환경이 변화했을 때, 대비가 될 수도 있다. 인간이 여러 가지 환경에 순조롭게 적응하고 살아올 수 있었던 것은 태초에 도움이 된 잔영이 남아 있었기 때문이다.

'공포'가 위험을 피하게 만든다

두려워할 필요가 없을 때 공포를 느낀다는 것은 문제이다. 그러나 공포는 본래 필요가 없다 해도, 만일의 경우에 대처하고 과잉으로 작용하도록 되어 있기 때문에 적이 닥친 것 같다는 정보가 감지되면 공포가 즉시 임전 태세를 취한다. 그리고 그 자세로 나중에 천천히 확인하는 것이다. 적의 공격 정보가 잘못된 것이라는 점을 인지하면 임전 태세가 해제된다. 공포도 가라앉는다.

만약 즉시 임전 태세를 갖추지 못한 채 정확한 정보 분석만을 기다리고 있다면 위험한 상황에 놓일 수 있다. 정보 분석에는 시간이 걸리므로 공격을 확인했을 때 이미 적은 가까이 다가와 있을 것이다. [*7]

공포가 유도하는 임전 태세에는 또 하나 큰 특징이 있다. 그것은 의식에 강하게 개입한다는 것이다. 공포의 구조는 거의 무의식적으로 빠르게 일어나기 때문에 그 결과 의식적인 사고가 중단된다. 이것저것 옛 일을 회상하면서 산행을 하고 있지만 멧돼지가 보였다면 의식에 의한 회상은 취소된다. 멧돼지에 대해 집중하지 않을 수 없게 되는 것이다.

우리 행동의 주체는 항상 의식에 있기 때문에 임전 태세에 의식을 주입하지 않고서는 최종적인 행동을 통제할 수 없다. 그래서 공포의 경우 '야생의 마음'은 의식의 행위까지 정지시키고, 위험한 사항에 주의하도록 촉구하는 것이다. 이것을 의식에서 보면 '확실한 공포 감정'으로 느낄 수 있다.

모든 것이 무의식적으로 이루어지는 것이라면 공포 감정에 의식은 필요 없을지도 모른다. 무의식적인 임전 태세로 도망갈지 싸울지 결단하고 대처할 것이므로 공포를 느끼지 않아도 잘될 것이다. 물고기 등의 하등 생물에서 감정을 찾아보기 어려운 것은 이러한 이유가 있기 때문이라고 생각한다.

그래도 우리에게 의식이 있는 것은 환경의 변화에 지혜로 대응하기 위해서이다. 습관적인 판단은 무의식 상태에서 할 수도 있지만, 새로운 것을 생각하려면 의식이 필요한 법이다.

오늘의 문명사회에서 공포를 느끼기 쉬운 '겁 많은 사람'은 용기가 없는 부정적인 모습으로 보이기 쉽다. 원래는 살아가기 위한 고도의 능력을 익힌 사람이지만 환경이 바뀌어 위험성이 감소하고 가치가 반전된 것이다. 그러나 '겁 많은 사람'은 무서움을 느낄 때 의식 차원의 사고가 중단되는 일이 발생할 수 있다는 점에서 큰 문제를 안고 있다. 두려워할 필요가 없음에도 때때로 마음이 붕괴되어 사회생활을 원활히 유지할 수 없게 된다.

'문명의 마음'을 쌓는 데는 어느 정도 공포를 극복할 필요가 있을 듯하다.

두려움은 긍정적인 일을 한다

창피한 일이지만 나 자신의 공포에 대해 고백한다. 나는 비행기를 그다지 좋아하지 않는다. 어딘가에 추락할 것만 같고 무섭다. 중학생 때 처음으로 비행기를 탔는데 그때의 긴장을 지금도 기억한다. 고층 빌딩의 창가에서 아래를 내려다보면 현기증이 일만큼 겁이 난다. 이런 일로 내게 고소 공포증이 있는 것 아닌가 추측하고 있다.

나는 도쿄에 살고 있는데 칸사이 방면에 출장 갈 때는 항상 신칸센을 이용한다. 비행기는 가급적 타지 않는다. 그렇지만 홋카이도 출장 시에는 어쩔 수 없이 비행기를 이용해야만 한다. 그래서 늘 비행기는 안전하다고 이성적으로 이해하고 나 자신에게 스스로 타이르고 있다.

일본의 교통사고 사망자 수는 해마다 수천 명이고 그 대부분은 자동차 사고이다. 대참사에 해당하는 비행기 사고가 일어난 해에 있어서도 비행기 사고 사망자는 고작 수백 명이다. 보통 비행기 사고 사망자는 연간 제로에 가깝다. 예를 들어 홋카이도에 차량을 몰고 간다면 비행기로 가는 것보다 사망할 가능성이 수백 배나 높을 것이다.

문명의 발전은 우리 생활환경을 극적으로 바꾸었다. 하늘을 날겠다는 위험한 행위가 오히려 더 안전한 것이 되었다. '문명의 마음'에서는 문명사회의 실태에 맞추어 일부 공포를 극복할 필요가 있다.

그렇다고 모든 공포를 극복해야 하는 것은 아니다. 사사로운 일이지만 나의 어머니에게는 물 공포가 있었다. 환갑을 지나도 여전히 그러하시다. 내게는 이런 물 공포가 없어 어머니의 '물 공포'를 실감할 수가 없다. 어머니의 물 공포는 나에게는 유전되지 않은 것이다.

그런데 이 물 공포는 극복해야 할 대상이 아닌 것 같다.

사인	사망자 수(명)
교통사고	7,499
낙상 사고	7,170
익사 사고	6,464
질식 사고	9,419
자살	30,229

표 1 2008년 연간 사망 통계(일본)

표 1을 보면 '익사 사고' 항목은 물의 사고로 숨진 인원을 나타내고 있다. 그 수는 교통사고 사망자 수만큼 많다. 여기에는 욕조에서의 사망자도 상당한 비율로 포함되어 있다. 따라서 적당한 물 공포는 생존 확률을 올리고 있다고 판단할 수 있다. 바다나 수영장에서 일을 하는 사람은 설령 물 공포가 있더라도 극복

하지 않으면 안 되지만, 그렇지 않은 보통 사람이라면 물 공포를 남겨두는 게 낫다고 생각된다.

표의 한 단계 위의 항목, '낙상 사고'에 대해서도 생각해보자. 이 사망자 수도 교통사고만큼 많다. 이 중에는 건축 현장 사고도 포함되어 있지만 대부분은 계단 등 집 안에서의 사고이다. 그것도 노인이 많다. 이는 의외의 수치이다.

'좌우를 잘 확인하고 도로를 건넙시다', '계단을 내려갈 때는 반드시 난간을 붙들고 갑시다'라는 구호가 여기저기 붙어 있지만 큰 효과가 없다. 도로 안전을 높이기 위해서 신호등을 설치하자는 운동은 있지만, 계단을 안전하게 하기 위해서 논슬립 테이프를 붙이는 운동은 그다지 없다.

이는 우리에게 계단에 대한 공포가 다른 공포에 비해 크게 부족하기 때문이라고 생각한다. 그것이 어릴 적부터 초등학교 건물 등의 계단을 지나면서 고소 공포가 작동하지 않게 된 것 아닌가, 그런 생각이 든다. 공포의 극복이 너무 쉽게 이루어진 예라고 할 수 있다.

'문명의 마음'을 적절하게 쌓아가는 방법에 대해 좀 더 생각해볼 필요가 있다.

과잉'불안'에는 어떻게 대처해야 할까?

공포 감정에서 파생하고, '문명의 마음'에 큰 영향을 미치는 감정이 있다. 그것은 '불안'이다.

불안감은 막연한 공포가 지속되는 상태이다. 수렵 채집 시대에 사람들의 상상력이 높아져서, 지금 바로 직면한 사물 이외에 상상물에 대해서도 공포를 갖게 된 것이다.

'지금 여기'에만 살아 있는, 다른 동물에게서는 별로 볼 수 없는 감정인 것이다. 그런 의미에서 불안은 '초원에서 유래한 감정'으로 생각된다.

상상력은 가까운 장래를 예측하는 데 있어 인류에게 큰 이점을 제공했다. '이렇게 하니 이렇게 되고, 잘될 것이다'라고 머릿속으로 미리 상상을 하면 미래에 적절한 대응을 할 수 있게 된다.

공포는 과도하게 반응하는 성질을 가지는데, 상상을 통해 적은 가능성에도 준비 태세를 갖추게 된다. 하지만 어떤 경우는 지나치게 과도한 반응을 하게 되어 대상의 안전성이 입증된 이후

로도 불필요한 대응이 계속 이어지는 경우가 있다.

문명의 시대가 도래한 이후 장래 예측의 중요성은 점점 더 커지고 있다. 보다 고도의 상상력이 요구되고 있는 것이다. 반면 우리의 생활은 과학기술이나 사회 제도에 의해서 관리되고 위험은 옛날보다 상당히 감소하고 있다. '문명의 마음'에 '실체가 없는 불안'이 악영향을 주고 있는 것이다.

이상이 진화 심리학적 불안에 대한 분석이다. 만일 이것이 옳은 분석이라면 어떠한 불안 해소법이 있을까? '불안에는, 때로 불합리한 면이 있다'라고 생각하면 어느 정도 해소될지도 모른다. 그렇지만 조금 더 생각해보자.

먼저 생각할 수 있는 대책은 위험할 것 같은 사물을 조사하고 '위험하지 않은' 것으로 확인하는 것이다. 예를 들어 대지진에 대한 불안은, 전문가에게 '그 정도의 대지진은 일어나지 않는다'라고 조언을 받거나 건물의 내진 구조화 공사를 하면 어느 정도 해소할 수 있다.

그런데 여기엔 문제가 있다. 실제로 조사해보니 위험한 것으로 판명됐지만 그 위험에 대처할 수 있는 방법이 없다는 결론이 나오면 오히려 불안 강도는 점점 높아지게 된다. 이러한 경우 사람은 패닉 상태에 빠지는 경우도 종종 있다.

즉 '위험하지 않은' 것으로 판단된 것은 확인 작업에 들어가는게 좋지만 '그렇지 않은 것은 확인하지 않는 것이 낫다'라는 판단을 내리는 경향이 있다. 내 생각에 '확인하지 않는 것이 좋다'라는 행동을 취하는 방법에는 두 가지가 있는 듯하다.

첫 번째 방법은 상상력을 약화시켜, 어쩔 수 없는 장래의 사태에 대해서는 상상하지 않는 것이다. 이런 방법을 철저히 실천하면 상상하지 않는 편이 행복할 수도 있지만 상상력이 축소되는 문제점이 있다.

두 번째 방법은 상상력을 오히려 강화해, 초월적 존재에 의해서 위험이 관리되고 있다고 믿는 것이다. "신이시여 우리를 구해주소서" 하는 말처럼 대책을 세우지 않고 막연한 가능성에 의존하는 식이어서 사실 이 또한 문제도 있다.

전자가 현대적인 무관심이라면 후자는 광신교로 연결될 수 있다. 상상력을 적절히 사용해 확인 작업을 수행하고 판명이 된 사항에 대해서 공포를 극복하는 것이 더 좋은 길인 것 같다. '대지진이 오면 당연히 위험하지만 지금 할 수 있는 것은 한다'라고 인식하면 과잉 불안을 품지 않게 되는 것이다.

또한 불안에 대한 전투태세는 다른 형태로 푸는 노력이 중요하다. 전투태세는 호르몬이 나온 흥분 상태이기 때문에 불안에 따른 흥분 상태보다 더 위험하다. 즐거운 일을 한다든지 수다를 떤다든지 스포츠를 즐기거나 혹은 롤러코스터를 탄다든지 귀신의 집 체험 등을 하면서 실제로 공포를 느껴 풀어버린다.

이전의 흥분 상태가 진정되면 불안으로 인한 감정의 고조 또한 사라지게 된다. 일반 스트레스 해소 방법과 마찬가지다. 생리적 흥분 상태는 어떤 비슷한 감정에 의해 해소할 수 있는 것이다.

감정 컨트롤이란 의식적으로 공부하여 무의식을 달래는 데서 시작한다. 그리고 그 기술은, 진화 심리학의 분석에서부터 시작한다.

CHAPTER 02

분노와 죄책감

오늘은 휴식을 취할 겸 멋진 벚꽃나무 아래에 자리를 잡으려 일찍 공원으로 출발했다. 다행히 아직 아무도 오지 않아 레저용 시트를 깔고 자리를 잡았다. 한 10분 후 화장실을 다녀왔는데 벚꽃나무 아래에서는 낯선 두 사람이 나의 시트를 접어서 자신들의 시트를 깔고 있지 않은가. 나는 황당해서 "지금 뭐 하는 거야!"라고 소리를 질렀다.

이것이 전형적인 '분노'이다. 몸의 반응은 공포의 감정과 마찬가지로 준비 태세를 먼저 갖추게 된다. 분노할 때에는 공포와는 달리 '도망가라'라는 선택 사항은 없다. '공격', '싸움'이라는 행위를 실행하라는 상태로 접어들게 된다. 공격은 대개 다른 동료 개체에게 향한다.

인간의 분노 감정은 분명히 전쟁의 근원이 되지만 한편으로는 공평성의 추구나 사회적 규칙을 지키는 데 공헌하고 있다. 만일 분노가 없었다면 우리 선조들의 집단 협력 체제는 유지할 수 없었을지도 모른다.

02
분노와 죄책감

사람도 원숭이도 '분노'로 상하 관계를 확립한다

침팬지는 인간보다 훨씬 호전적이고 자주 화를 낸다. 그 대부분은 위협이라는 '분노의 표시'이다. 사실은 화난 감정이 아닐 수도 있다. 그러나 두 마리가 위협하며 맞서면 종종 싸움이 되기 때문에 위협하는 단계까지는 가지 않으려 한다.

이처럼 인간과 비슷한 분노의 감정은 침팬지 등 다른 동물에서도 찾아볼 수 있다. 이런 탓에 분노는 '정글에서 유래한 야생의 마음'이라 할 수 있다. 침팬지들이 내보이는 위협과 분노의 대부분은 상하 관계의 확립과 확인이 목적이다. 한쪽이 위협하고 다른 한편이 물러나면 위협하는 것이 상위 개체, 물러나는 것이 하위 개체라 할 수 있다.

물러나는 개체는 공포를 느꼈을지 모른다. 아이러니하게도 집단생활 이후 동료 개체에 대해서도 앞 장에서 논의한 공포의 감정을 느끼는 경우가 발생한다.

사육 중인 일본 원숭이 무리에 대해 NHK가 흥미로운 실험을 한 적이 있다. 곳곳에 먹이를 뿌린 후 많은 원숭이가 먹기 시작할 때쯤 실험자를 투입하여 그 부근의 먹이를 먹는 흉내를 냈다.[8]

실험자는 큰 탈을 쓰고 투입됐으며, 그 탈은 유치원에서 놀이 도구로 쓰는 것으로 '화난 얼굴', '웃는 얼굴', '겁먹은 얼굴' 세 가지 종류였다.

'화난 얼굴'로 다가오자 그 원숭이는 위협하며 공격을 해왔다. '웃는 얼굴'도 마찬가지였다. 그런데 '겁먹은 얼굴'의 경우에는 위협은 하지만 공격은 하지 않고 먹이 또한 먹게 했다. 이 실험으로 우선 원숭이가 인간처럼 표정을 읽을 수 있다는 것에 크게 놀라지 않을 수 없었다.

원숭이의 위협에 대해서 '화난 얼굴', '웃는 얼굴'의 표정을 짓는 것은 상대방에게 '나의 위협이 통하지 않는구나!'로 인식되는 것이다. 하지만, '겁먹은 얼굴'에서는 포기나 항복의 뜻으로 통했는지 허용된 것이다. '웃는 얼굴'이 안 통한 것을 보면 평화주의가 원숭이에게는 소용없는 모양이다.

먹이를 충분히 주고 있기 때문에 먹이 때문에 원숭이들이 싸울 이유는 없었다. 가까이에서 음식을 먹지 못하게 위협하는 것은 상하 관계가 중요한 이유이다. 먹이를 먹을 때는 빈틈이 생기므로 상대가 공격하지 않는다는 확증이 필요한지도 모른다.

원숭이 등의 동물에게서는 '분노→위협'이라는 심리적 대응으로 상하 관계가 확립된 것을 알 수 있다. 이로써 추측해보면, 무리를 형성하지 않은 상태의 동물에게는 '위협'이 없었다고도 생각할 수 있다.

인간도 분노가 상하 관계의 확립에 쓰이고 있는 것은 분명하다. 잔뜩 위엄을 뽐내는 직장 상사 등을 보면 '야생의 마음'이 숨김없이 노출되고 있는 듯하다.

분노는 권리를 지키고 집단생활을 발전시켰다

앞서 공원 상황에서 나타난 분노는 '권리를 지키는' 행동이기도 하다. 매우 인간적인 이와 같은 행동은 오래전부터 존재해온 분노라는 감정의 이용 방법이다.

사자나 독수리, 은어 등 물고기에 이르기까지 많은 동물들은 자신의 세력권을 가지고 있다. 일반적으로 싸움은 쌍방에게 비싼 대가를 치르게 한다. 그렇기 때문에 자신이 살 수 있는 최소한의 자원(음식이나 거주지)을 확보하고 그 범위에서만 싸움을 하는 것이 효과적이다.

은어 등의 물고기가 분노 감정을 갖고 있다고는 생각하지 않는다. 그러나 사자나 독수리라면 자신의 영역에 침입자가 들어왔을 때는 이를 제거하고자 하는 분노의 모습이 보인다.

세력권은 주로 사냥터 등 생존과 직결되는 문제이기 때문에, 침입자도 상응하는 각오가 필요하다. 그래서 분노와 위협에 맞닥뜨린 침입자는 비록 꽤 강한 개체라도 '싸우는 것이 위험하지 않을까?'라는 생각으로 의기소침해지기도 한다.

'분노·위협→의기소침'으로 이어지는 심리적 대응이 나타난 것은 '권리를 지킨다'라는 사회 제도의 확립에 큰 도움을 주었다. 즉 의기소침의 보상으로 사회 제도가 강화될 수 있었다.

수렵 채집 시대의 인간은 집단생활을 하면서 서로의 권리를 인정하도록 해왔다. 근래에는 '의기소침'은 '죄책감'이란 고유의 감정에서 발전했다고 여겨진다. 즉 타인의 영역에 침입하는 등 자신도 모르게 타인에 대한 권리 침해를 저질렀을 때 죄책감을 갖게 된 것이다.

죄책감은 그 후 사과 등의 행동으로 이어진다. 사과 받은 자는 용서를 한다. 이처럼 죄책감에는 '사과→용서'라는 심리적 대응이 따르게 되었다. 결과적으로 권리의 조정이 이루어지고 인간 집단 협력이 비약적으로 확대됐다고 짐작할 수 있다.

문명사회에서는 시민이 토지나 재산, 지위나 직업 등의 권리를 가진다. 많은 권리가 계약 등의 법적 제도에서 지켜지고 있지만, 감정의 발로는 오늘날까지도 변함이 없다. 앞에서 말한 공원에서의 분노도 그러하다. 내 자리를 빼긴 것에 분노를 표시한 것이다.

그러나 문명사회에서는 이런 '야생의 마음'은 다소 문제가 있다. 예를 들어 세계 각지에서 영토 분쟁이 끊이지 않는데, '야생의 마음'은 '영역 의식'에서 시작된다고 볼 수 있고, 우리의 감각은 토지에 대해서 특히 민감하다. 그래서 애국심에 따라 영토의 주장은 강해지기 쉽다.

분명 애국심은 중요하지만 토지에 대한 과도한 집착은 문제를 발생시킨다. 이웃과의 영토 분쟁에서 귀중한 경제적 이득이 손실되거나 국제 교류의 가능성이 위축되기도 한다.

'문명의 마음'에서는 분노라는 감정을 적당히 누르고 대승적 가치에 중점을 두는 것이 중요하다.

분노가 집단 내의 협력과 평화를 만들었다

다음과 같은 게임을 생각해보자.[9]

처음 만난 두 명(A와 B)에게 조건부로 천 엔을 제공한다. A가

천 엔에 대한 분배 방안을 생각하고 한 번에 B에게 제시한다. 그 방안을 B가 받아들일지 거부할지 한 번만 응답(최후통첩)한다. B 가 수락한 경우는 A의 제안대로 둘이서 천 엔을 나누지만, B가 거부할 경우는 둘 다 아무것도 주지 않는다.

만약 당신이 A의 입장이라면 어떤 분배 방안을 제시할까? 혹 B의 입장이라면 어떤 기준에서 수락 여부를 판단할까? 분명 분배 방안을 제시하는 A 쪽이 우위인 입장에 있다. B의 입장에선 조금이라도 분배되면 무조건 수락해야 한다. 거부하면 아무것도 받지 못할 수도 있으니.

그런데 실제로 이 게임에 참가한 사람들의 분배 방안은 그렇지 않았다. A의 입장에 있던 사람들은 자신에게 평균 2/3를, B에 게는 1/3을 분배했다. 그중에는 반반으로 공평하게 할당하는 사람도 많았다.

또 B 입장의 사람들은 20% 미만밖에 받지 않는 분배 방안에 대해서는 거부 의사를 표시했다. '나를 놀리다니' 등과 같은 분노 감정에 생긴 것이다.

이런 분노 감정은 10~20% 정도의 보수를 잃어도 상관없다는 입장이다. 단기적 손실을 감수하고 장기적 안목으로 보는 것이다. A는 거부되기 싫으니 B가 거부할 것 같지 않은 선에서 최대한 많이 분배한다. B는 '부당한 취급을 받으면 거부한다'라는 자세를 보이는 것이 유리한 것이다.

'분배주의'는 아마도 '초원에서 유래한 야생의 마음'에서 촉발된 듯하다. 수렵 채집 시대의 인간이 평화로운 협력 집단을 탄생시키는 과정에서 진화한 중요한 마음의 기능이다.

그러나 분배주의는 '문명의 마음'이 주도하는 지금 시대에도 독자적인 발전을 하고 있다고 생각된다. 앞선 협상 게임에서 처음 대하는 상대에게도 흔쾌히 나누어주고 있는 걸 보면 알 수 있다.

수렵 채집 시대의 원칙은 처음 만나는 인간은 집단 외의 적으로 간주한다는 것이다. 그럼에도 불구하고 똑같이 나누는 것은, 문명사회에서는 집단을 협력의 관계로 인식하기 때문이다. 이런 심리적 변화로 내가 속한 집단 밖 집단에게도 공평한 태도를 보여주고 있다.

집단 간의 경쟁이 개인의 능력을 다양화했다

협력해서 사냥을 하는 동물 대부분은 집단 내의 멤버들이 상하 관계로 형성되어 있다. 그 때문에 잡힌 사냥감은 보다 강한 상위 개체가 우선적으로 먹게 되고 상대적으로 약한 개체에게는 좀처럼 음식이 돌아오지 못하는 것이다.

사냥감이 충분하면 좋지만 부족할 경우에는 약한 개체는 죽을 수밖에 없는 비정한 규칙이 존재한다. 하지만 이로써 동물은 강한 개체의 유전 정보를 대대로 계승할 수 있었다.

수렵 채집 시대의 인간은 분배주의에 의해서 집단 내의 말다툼을 줄일 수 있었다. 또 사냥을 하지 못한 사람에게도 사냥감을 나눔으로써 도움을 촉진했다. 당시에는 큰 사냥감을 얻는다는 것이 그리 쉬운 일이 아니었을 것이다. 사냥에 성공했어도 배불리 먹기는 어려운 일이었다. 이런 의미에서 분배주의는 수렵 채집 시대에 걸맞은 사고방식이었다고 말할 수 있다.

나누어주는 것에도 문제점이 있었다. 우선 모두 공멸할 수 있는 위험성이 내포되어 있다. 집단의 멤버가 모두 최소한으로 살아갈 음식이 있으면 좋았겠지만, 그렇지 않은 경우 순식간에 전멸할 수 있다. 나는 수렵 채집 시대의 인류에게 이런 위험성이 있었으리라 추측한다.

분배주의로 인해 약육강식의 개체 간 경쟁이 집단 간 경쟁으로 변하게 되었다.

집단으로 사냥감을 취하다 보니 힘이 센 '집단'이 살아남는 형국이 된 것이다. 집단의 동료와는 협력하지만 외부의 낯선 사람들은 적이라는 행동 원칙이 발생했다.

집단 단위의 경쟁은 인간 능력의 진화에 극적인 변화를 일으켰다. 능력의 다양화가 일어난 것이다. 그때까지는 개체 간 경쟁에서 생존에 유리한 '발이 빠르다'라든지 '완력이 세다' 같은 특정 능력이 강한 자만이 잘 살아남았다. 그런데 집단 간 경쟁이 되면서 여러 가지 능력이 진화할 수 있게 된 것이다.

'발도 빠르지 않고 완력도 강하지 않지만 창을 만드는 능력이 뛰어난' 등의 사람이 집단에 크게 기여하게 된 것이다. 그 결과, 소속집단이 살아남고 당연히 집단의 구성원도 모두 살아남게 된 것이다. 집단에 공헌하는 다양한 능력이 이때부터 진화하기 시작했다.

분배주의에는 또 하나의 문제점이 있었다. 그것은 무임승차의 횡행이다. 집단이 분배주의를 실행하면, 스스로 먹이를 구하지 않고 집단에 기여하지 않아도 각자의 몫을 받게 된다. 그러면 아무것도 하지 않는 무임승차가 난무할 위험성이 있다.

지금까지 논의한 감정은 이런 무임승차 방지에 큰 역할을 했다. 무임승차하는 멤버를 보면 분노를 표명함으로써 그러한 구성원이 다시 집단에 공헌할 수 있게 한다. '자책감'을 느끼게 해 회개할 시간을 주며 무임승차에 대한 반성의 기회를 준 것이다. 이런 죄책감이 구성원 모두에게 있다면 무임승차를 미연에 방지할 수 있다.

이렇게 생각하면 분노나 죄책감 등의 감정이 있는 사람들의 집단과 그렇지 않은 사람들의 집단 중 어느 쪽이 강한지는 이미 정해진다. 우리는 집단 간 경쟁에서 살아남아 온 강한 집단의 후예이기에 분노나 죄책감 등을 확실히 지금도 익히고 있다.

그러면, 노여움과 죄책감에 대해 '문명의 마음'은 어떻게 생각해야 할까? 직접적인 인간관계에서나 작은 집단 내에서라면 분노나 죄책감은 협력 증진에 크게 기여한다. 그런데 대집단의 사회에서는 폐해도 있다.

과거의 환경이라면 뛰어난 능력의 보유자인데 현대에서는 일자리가 없어 복지 지원을 받는 상황도 생각해볼 수 있다. 예를 들어 창을 잘 던지는 능력은 총이 발명된 이후에 필요 없는 능력이 되어버리게 된다. 능력은 뛰어나지만 그에 상응하는 일자리가 없다는 것은 애석한 일이다.

그런 사람이 복지 지원을 받을 때, 스스로 무임승차라는 생각에 죄책감을 품거나 타인의 분노에 상처를 받는다면 그 또한 견딜 수 없을 것이다. 따라서 현대 '문명의 마음'에서는 사회의 상황에 맞추어 분노나 죄책감을 적절히 분출해야 한다. 적절한 억제가 중요하다.

'자신에 대한 분노'는 왜 일어날까?

이 장의 끝에 특수한 분노를 언급하려 한다. '자신에 대한 분노'이다. 지금까지의 분석에 따르면 분노는 다른 사람에게 향하는 것으로, 서열이 낮은 사람을 배척하거나 규율 위반자를 나무라는 효과가 있었다. 그런데 자신에게 향하는 분노는 어떤 효과가 있을까?

스스로에 대해 표출하는 자기 분노는 개인적 효과와 대인 효과의 두 가지가 있다.

개인적 효과는 화가 나거나 분하다고 생각하면 생리적 흥분이 일어나서 행동적으로 변하게 되는 것이다. 스스로 자신을 건강하게 하는 긍정적 기여를 한다고 볼 수 있다.

대인 효과는 조력자가 생기는 효과를 말한다. '자신에 대한 분노'를 표명하면 조력을 받을 수 있다. "뜻대로 되는 일이 없어"라며 자신에 대한 막연한 분노를 표하면, "자, 그럼 이렇게 하자"라며 도움을 주는 사람이 나타난다. 화를 내는 아이에게 부모가 조력하는 것이 대표적이다. '자신에 대한 분노'가 '어리광의 표현'으로 알려지는 경우가 있는데 이런 배경 때문에 그러한 것이다. 지위가 높은 사람에게도 이러한 경향이 보인다. 상사가 화나게 되면 어쩔 수 없이 부하가 움직이고 풀어주게 된다.

사실 조력자가 없는 것이 보통의 경우이다. 사회적 측면에서 '자신에 대한 분노'는 좋지 못하다. 설령 잠시 조력자가 생기더라도 그리 오래 지속되지는 못한다. 이런 감정은 빨리 해소하는 것이 상책이다. 이른바 '짜증'이 나는 상태도 '자신에 대한 작은 분노'일지도 모른다.

분노도 생리학적으로는 호르몬에 의한 흥분 상태이기 때문에 1장 끝부분의 불안 해소 방법을 응용할 수 있다. 분노의 효과를 인식하고 불필요한 분노를 느낀다면 쉽게 분노 해소 방법을 찾을 수 있을 것이다.

다른 사람에게 부당한 분노를 당했다면 냉정하게 받아들여야 한다. 분노를 분노로 응답하면 진흙탕 싸움이 되어버린다. 부당한 분노라고 생각해도 상대를 미워하지 말고, 분노의 근원을 찾아 상대방의 오해를 푸는 것이 우선이다.

애정과 우정

어렵고 힘든 일로 몸은 지쳐도 아기의 웃음을 보게 되면 저절로 미소가 생기고 많은 고민이 사라지는 경우가 있다. 그러나 아기가 울기 시작하면 얘기가 달라진다. 기저귀가 젖었는지 배가 고픈지, 아무리 피곤해도 어떻게든 대처해야 하고 온갖 노력을 다하게 된다. 그러다 아기가 울음을 그치면 정적과 함께 안도감이 찾아온다.

아이가 태어나면 가정이 행복해지는 건 당연한 일이다. 부모는 자식에게 무조건 사랑을 쏟는다. 바로 이타심의 전형적인 경우에 해당된다. '아이가 자기 마음대로라 싫다'라고 생각하고 있던 나도 아이가 태어나니까 정작 귀여워하고 있는 자신을 발견하고 놀라게 된다.

사랑은 헌신적인 뒷바라지를 불러일으키는 감정으로 그 본성에 대해서 인문학을 중심으로 진중한 논의가 계속되고 있다. 그러나 진화 심리학에서는 생물 진화의 배경만으로 단순히 설명한다. 사랑의 유전 정보가 육아를 촉진하므로 그 유전 정보를 가진 개체의 자손이 더 많이 살아남게 된다. 그 결과 지금 살아남아 있는 우리들 대부분은 사랑이라는 감정을 가지고 있는 것이다.

종족 번식에는 '애정'과 '냉혹함'이 함께한다

포유류나 조류의 어미는 새끼에게 최선을 다한다. 그것에 반하여 파충류와 어류의 어미는 알을 낳을 뿐 그 후 새끼를 돌보는 것에는 등한시한다. 알을 많이 낳고, 그중에 생존한 새끼에게 유전자의 전달과 존속을 기대하는 방식으로 종족 번식을 한다.

생물 진화의 원리에 따르면 '후손이 살아남기 쉬운 생식 방법'

을 지령하는 유전 정보가 존속한다고 한다. 파충류와 어류는 새끼를 돌보는 일에 노력을 들이는 대신 가급적 많이 알을 낳는 방법을 취했다. 포유류나 조류는 반대로 한정된 수의 자손을 낳아 돌보며 자손이 살아날 가능성을 높이는 쪽을 택했다. 양쪽 모두 현대까지 살아남아 있으므로 각기 나름대로 성공한 방법이라 할 수 있다.

포유류나 조류에게서는 '아이를 지키는 사랑'이라고 여겨지는 행동을 볼 수 있다. 진화 심리학의 관점에서 보면 그 종(種, 씨)의 행동은 자손을 돌보는 생식 활동 속에서 생겼다. 그럼 그 동물의 행동에 우리가 느끼는 것 같은 '사랑'이 담겨 있을까?

사자가 새끼들을 돌보는 모습을 보면 사자도 우리와 마찬가지로 사랑이 있는 것으로 보인다. 일례로 들소 무리에 섞여 실종된 새끼 사자를 찾는 어미 사자에게서 불안한 표정을 엿볼 수 있다. 사자는 새끼가 발견된 후에는 안심하는 모습을 보인다.

그러나 사자의 사랑은 사람의 그것과 다르다고 생각한다. 어미 사자가 성장한 수컷 새끼 사자를 위협하고 무리에서 쫓아낼 때의 강렬한 표정에서는 애정 따위는 전혀 찾을 수 없다. 사자 무리는 암컷들과 어린 사자로 형성되고 무리를 이끄는 수컷을 제외하고는 다 자란 수컷은 무리에 남을 수 없다는 규칙이 있다.

진화 심리학에서는 마음의 기능에 '영역 특이성'이 있다고 본
다. '영역 특이성'이란 외적인 상황에 따라 다른 마음의 기능이
작용한다는 성질이다.

암컷 사자는 '사랑을 갖고 새끼 사자를 돌본다'라는 마음속의
기능과 '무리 중 우두머리가 아닌 수컷 사자에게는 화를 내며 배
제한다'라는 또 다른 마음의 기능이 함께 진화한 것이다. 이는 적
절한 때에 서로 어긋나는 작용을 하는데 수컷 새끼 사자의 성장
이라는 외적 상황에 따라 어느 쪽이 작용할지 확실히 정해진다.

조류에게서도 냉혹하다고 생각되는 행동의 변화가 보인다. 새
는 알을 오랜 기간 품어 부화하고 태어난 새끼에게 먹이를 물어
다 준다. 아주 힘든 일이지만, 수고를 아끼지 않고 애정을 다해
새끼를 기른다. 그런데 외부의 적으로 인해 둥지가 황폐화되거
나 기상의 변화로 파괴되면 알과 새끼가 살아 있더라도 쉽게 둥
지를 포기한다.

만약 같은 장소에 둥지를 만들게 되면 똑같은 상황이 반복될
수도 있다. 이런 경우는 다른 곳에 만드는 것이 좋을 것이다. '야

생의 마음'에는 새끼를 키우는 사랑과 포기하는 비정함이 함께 존재해왔으며 외적 상황에 맞게 취사선택을 하고 있는 것이다.

사람의 경우는 어떨까? 갓난아이는 다른 포유류나 조류보다 양육에 훨씬 많은 시간이 걸린다. 성인이 되기까지 먹을 것을 해결해주고 보호해주고 이어 집단에서 역할을 수행할 수 있는 기능을 습득하도록 교육도 한다. 이러한 경향은 수렵 채집 시대부터 현대에 이르기까지 그다지 변하지 않았다.

양육에 이렇게 긴 시간이 걸린다면, 보다 적은 수의 아이를 확실히 키우는 게 옳은 선택일지 모른다. 그래서 인간은 조류처럼 둥지를 포기하고 다음을 기약하는 방향이 아니라 그동안의 노력을 버리지 않고 다시 집을 수리하며 아이를 키우는 방향으로 진화해왔다.

그 결과 사람은 아이에 대한 사랑이 비정함을 앞서고 늘 성심껏 돌보는 것으로 진화했다. 그러나 우리의 마음속에도 야생의 비정함이 일정 부분 잠들어 있다. 이는 외적인 상황 변화에 따라서는 그런 마음이 발현될 수도 있다는 가능성을 내포하고 있는 것이다.

육아 때문에 배우자에게 애정을 표현한다

지금까지는 자손을 키우는 이야기를 해왔지만, 지금부터는 자손을 만드는 이야기로 들어가보자. 거의 모든 동물과 일부 식물은 유성 생식을 한다. 수컷과 암컷의 개체가 존재하고 부모의 유전 정보를 자손에게 전달한다.

유성 생식의 최대 장점은 환경에 적응하는 방향에 따라 유전 정보를 빠르게 바꿀 수 있다는 점이다. 예를 들어 전염병이 유행했다고 하자. 전염병에 잘 걸리지 않는 A특성을 가진 사람과 전염됐더라도 비교적 쉽게 낫는 B특성을 가진 사람이 우연히 있었다고 한다면, A특성을 가진 사람의 아이는 A특성을 가질 가능성이 높아 전염병에 걸릴 확률이 낮으므로 자손을 많이 남기게 된다. 전염병에 걸려도 잘 낫는 B특성을 가진 사람도 마찬가지다. 그런데 A특성을 가지는 사람과 B특성을 가진 사람이 유성 생식을 하면 자손에는 A와 B 양쪽의 유전 정보를 갖는 사람이 높은 확률(25%)로 나온다. 이 두 특성을 함께 가진 사람은 그 전염병에 매우 강하게 된다.

이들의 자손은 두 특성을 가지는 사람이 되고 결국 그 전염병은 사라지게 된다. 이와 같이 유성 생식은 급격한 환경의 변화에 재빨리 대응할 수 있는 이점이 있다(단, 전염병이 사라지면 전염병에 강한 특성을 갖지 않는 사람도 살아갈 수 있으므로 특성을 갖지 않는 사람이 다시 서서히 늘어나기도 한다).

많은 포유류나 조류는 유성 생식의 상대인 배우자에게 애정을 표현한다. 이는 협력하여 양육하는 습성에서 기인하고 있다. 육아가 중요하면 중요할수록 상대방의 협력이 필요하기 때문에 배우자 간의 친밀감은 더 깊게 진화한다. 새는 시즌마다 그들의 상대가 바뀌는 경우가 많지만 사람의 경우에는 평생에 걸쳐 함께하게 된다.

부모가 아이에게 품고 있는 애정도 그렇지만 배우자 간의 애정도 헌신적이다. 때로는 자신이 위기 상황에 빠져들더라도 상대방을 구하려고 노력한다. 헌신적인 마음은 자기는 살아남지 못해도 아이와 배우자가 살아남아 자신의 유전 정보를 대대로 이어가려 하는 특성이 발현된 것이다. 후손은 쉽게 살아남아야 한다는 마음의 기능이 존속하는 것, 이것이 진화의 구조인 것이다.

'우정'이 집단 내의 협력을 양성한다

수렵 채집 시대 인간의 조상은 약 100명 정도로 집단 활동을 했다. 집단은 부모와 아이, 친척 등의 극히 소수에서 시작됐을 것이다. 지금까지 아이에 대한 사랑과 배우자 간의 애정에 대해서 말했는데, 이런 혈연관계의 애정이 집단의 결속력을 강하게 하는 기초가 되었다.

그러나 집단의 인원이 많아지면서 혈연관계가 옅은 사람들도 늘어나게 되었다. 과거의 애정 대신 사람들을 연결시킬 수 있는 새로운 감정이 필요하게 된 것이다. 그 역할을 맡은 것이 '우정'이다. 같은 집단의 멤버에 대해서 헌신적이면 협력이 진전되어 모두가 존속할 수 있는 법이다.

우정의 배경에는 개인 간의 도움이 바탕에 있다. 앞에서 말했듯이 수렵 채집 시대에는 언제나 먹을거리가 풍족했던 것은 아니다. 먹이를 사냥한 사람은 그러지 못한 친구에게 먹이를 나누어주었다. 몸이 아프거나 다쳐서 사냥을 못 나갈 때는 친구에게 도움을 받은 것이다.

집단이 공멸하지 않는 한 우정을 나누는 사람은 함께 살아남을 수 있었다. 오늘날 '보험의 구조'와 같은 구도가 감정으로 구축된 것이다. 애정이 '정글에서 유래'한 것인 반면 우정은 '초원에서 유래'했다고 할 수 있다.

애정이 다분히 일방적인 헌신을 요구하는 반면 우정은 상호적인 헌신이 이루어진다. 그렇기 때문에 우정은 일방적인 헌신만 지속된다면 붕괴될 가능성이 있다. 여기서 헌신에 대해 헌신으로 보답하겠다고 하는 마음의 기능이 더 탄생되었다. 이것이 의리와 인정과 은혜이다.

보통의 인간은 누구나 일방적인 헌신이 계속되면 의리를 느끼고 은혜를 갚아야 한다고 느낀다. 그런 '부채감(빚을 짊어진 느낌을 해소하고 싶다)'이 집단의 결속력을 비약적으로 높였다. 다쳐서 사냥을 못 가게 된다면, '남아서 창이라도 만든다'라는 생각이 길러지면서 집단의 협력과 분담이 촉진되었다.

이런 관계는 사람의 부모 자녀 사이에서도 볼 수 있다. 부모는 자식을 향해 일방적 애정을 쏟아붓는다. 아이는 종종 나중에 꼭 은혜를 갚겠다고 한다. '애정→보은' 관계가 부모 자녀 사이를 더욱 공고하게 만들며 혈연 집단을 더 강하게 묶을 수 있었다.

많은 동물 중에서 아마 인간만이 집단 내 어른을 섬기는 습관을 갖추고 있는 것 같다. 이러한 모습은 보은의 정신에 힘입은 것으로 생각한다. 어른들의 지혜나 경험을 중시하는 자세와도 연결되었을 것이다.

단순히 사람들이 모인 것만으로 협력 집단을 형성할 수는 없다. 각각의 멤버가 이기적으로 행동하다가는 집단 전체로의 분담은 성립되지 못할 것이다. 그러나 일단 다른 사람을 위해서 일한다는 경향성이 나타났다면 협력은 촉진되고 집단은 강해진다. 집단의 생산성이 높아지면 각각의 멤버의 이익도 커지게 된다.

즉 이타적으로 일하면 집단을 통해서 이기적인 이익으로 이어지는 것이다. 그리고 그러한 일시적 손실을 입는 행동을 취할 수 있는 것은 사랑과 우정, 의리와 인정과 보은 등의 감정 때문이다. '야생의 마음'이 협력 집단 각 멤버를 강하게 묶은 것이다.

박애의 정신은 진화와 어긋난다

문명사회에 접어들면서 집단이 거대해졌다. 농경이 발달하면서 생활이 안정되고 풍부한 먹을거리도 확보되어 마을과 마을, 그리고 도시가 형성되었다. 수백 명에서 수천 명의 사람이 한 집단에서 생활하게 되었다. 그러한 집단에서 협력을 강화시키기 위해서는 어떻게 하면 좋을까.

집단의 멤버에 대해 앞서 말한 '협력을 양성하는 감정'을 품게 하는 것이 하나의 해결책이다. 이른바 '박애 정신'이다. 그러나 인간은 수백 명에서 수천 명과 친구가 되도록 진화하지 않았다. 앞 장에서 말했듯이 우리는 낯선 멤버에 대해 적의를 품도록 되어 있기 때문이다.

앞 장에서 무임승차에 대해 논했는데, 집단에서 이익을 얻고서도 스스로 희생하지 않는 멤버가 간혹 발생한다. 그런 배신행위에 대해서는 분노라는 공격이 발동하도록 우리의 마음은 형성되어 있다.

'미움'도 같은 감정이다. '받아들여지지 않은 애정이 증오로 변한다'라는 시각이 있다. 그런데 애정은 일방적인 헌신이다. 이것이 받아들여질 것을 기대하는 측면은 조금 이상하지 않은가? 그렇게 볼 때 애정 또한 쌍방향의 측면이 있는 듯하다.

우리가 분노와 미움을 바탕으로 상대를 대할 때는 독하게 대할 준비를 한다. 상대 태도에 맞서, "이쪽도 당신과는 협조하지 않는다"와 같은 강한 어조로 말하게 된다. 이런 태도가 준비되어 있지 않으면 협력 집단은 잘 진화하지 않는다. 그래서인지 '사랑이 지구를 구한다', '누구든 헌신적으로 도와줘라' 등의 말로 표현되는 박애 정신은 좀처럼 확산되지 않는 것도 당연하다.

문명사회에서는 대집단의 협력이 '돈'에 의해서 행해진다. 낯선 사람이라도 돈과 관련된 것이라면 쉽게 협력할 수 있다. 더구나 '지키지 못하면 투자금은 몰수된다(계약, 공탁)'라는 일종의 강압적 수단이 있으면 서로 안심하고 협력하게 된다.

즉 현재의 '문명 고유의 마음'에서는 돈이 신용이 되었다. 그런데 그것이 인간을 신용한다는 옛 '야생의 마음'과는 맞지 않는다. '낯선 사람끼리는 인간보다 돈을 믿는다'라는 느낌에 어딘가 위화감이 있는 것이다. 이 논란은 9장에서 자세히 논의하도록 하겠다.

미래 '문명의 마음'에서는 인간의 성실성을 바탕으로 돈의 편리성도 중시하는 복합적인 신뢰 방법이 모색되어야 한다고 생각한다.

협력을 못하는 것은 유전 정보의 결함 때문이다

여기에서 '협력을 양성하는 감정'의 결여에 대해서 생각해보자.

앞에서 마음에는 다양한 작용이 있기 때문에 외적인 상황에 맞게 각각 따로 작용한다고(영역 특이성) 설명했다. 그 마음의 기능이 타고났다면 그것은 유전 정보에 의해서 형성되어 부모로부터 자식한테로 전해진 것이다(그것들 각각은 '모듈'이라고 불리는데, 6장에서 자세히 설명하겠다). 그런데 유전 정보에 복사 착오가 발생하면서 마음의 기능 중 몇 가지를 잃어버리는 경우가 종종 발생한다.

'협력을 양성하는 감정'을 담당하는 유전 정보 하나에 결함이 일어나면 어떻게 될까? 그 사람은 사회적 활동에 문제가 생기고 자손을 남기는 것이 어렵게 된다는 것을 금방 알 수 있다. 진화 과정에 의해서 그런 유전 정보의 결함은 도태되어가게 마련이다. 그래서인지 인간 사회에서 그러한 유전 정보의 결함이 있는 사람은 아직 극소수에 불과하다.

그러나 이제는 그러한 소수의 사람들을 돕는 인도적인 움직임도 한창이다. 마음의 기능은 매우 많은 일을 하고 있기 때문에 모든 것이 완벽한 사람은 아마도 없을 것이다. 우연히 특정 부분에 문제가 생겼다고 해서 그것만으로 사회에서 배척되는 것은 다소 무리가 있지 않은가?

'협력을 양성하는 감정'이 결여되어 있으면 불성실한 사람 또는 의리가 부족한 사람으로 여겨진다. 그런 사람은 실제로 문제가 될 만한 행동을 취해 집단에 해악을 주기 때문에 그렇다. 하지만 유전 정보의 결함이라고 알면 시각이 조금 바뀌지 않을까?

진화 심리학의 지식에 근거한 미래 '문명의 마음'은 개개인 감정의 움직임에 대해서 개성을 인정하는 '관용성을 갖춘 마음'으로 전개되었으면 좋겠다.

CHAPTER 04

호감과 비호감

옆집 말티즈는 나를 너무 좋아하다. 다가서면 항상 "멍멍" 하며 높은 울음소리로 장난친다. 흰 털 사이로 검은 두 눈동자가 빛나는 참 귀여운 녀석이다. 그것에 비하여 뒷집의 불도그는 최악이다. 근처를 지나칠 것 같으면 으르렁거리는 낮은 신음 소리를 내지른다. 얼굴도 구겨져 있다.

개에 대한 호감도는 사람마다 차이가 있겠지만 위와 같은 첫인상이 일반적인 취향일 것이다. 좋아한다는 감정은 즐겁고 사랑스럽고, 아름답고 재미가 있는 등 긍정적인 감정과 연결되지만, 부정적인 감정은 싫고 무섭고, 기분이 나쁘고, 더럽고, 슬픈 것과 연관이 있다.

호감은 다양한 감정과 관련되어 있고 심오한 것이지만, 본 장에서는, 생물 진화의 역사에 부합하는 소재로 논의하고자 한다. 따라서 패션의 유행 등 문화에 영향을 주는 감정은 취급하지 않기로 했다. 문화의 영향도 중요한 것이지만, 예로부터의 진화의 영향과는 좀 거리가 있기 때문이다.

04

호감과 비호감

편식도 살아남기 위해서 필요했다

아이들은 누구나 아이스크림을 좋아한다. 혀 위에 펼쳐지는
달콤한 맛은 '맛있다'라는 느낌을 주고 '더 많이' 먹고 싶다는 욕
구를 자극한다. 그렇지만 대부분의 아이들은 당근과 샐러리를
싫어한다. 현대는 "편식하면 안 돼!"라는 말로 어릴 적부터 먹는
방법을 가르친다.

사실 이렇게 말하는 나도 샐러리가 싫다. 아내는 샐러리를 좋아하기 때문에 "왜 싫은지 모르겠네?"라며 아이에게 탓하듯 나무란다. 샐러리가 왜 싫은지 그 '느낌'을 설명하는 것은 어렵다. 자신의 뇌의 배선을 상대방 뇌에 접속해서 "그것은 이런 느낌이야"라고 체험을 하게 할 수 있다면 충분히 이해시킬 수 있겠지만……

아이스크림을 좋아하고, 샐러리를 기피하는 것은 본능적인 감각으로 생각된다(물론 예외에 해당하는 사람도 있을 수 있다). 그것들은 틀림없이 '야생의 마음'에 기원이 있다.

먼저 아이스크림을 좋아하는 기원을 생각해보자. 아이스크림의 주요 성분은 당분과 지방이다. 모두 우리가 필요로 하는 중요한 영양분이다. 살기 위해서는 물론 각종 비타민과 미네랄도 필요하지만 당분과 지방은 죽는 날까지 꼭 필요한 영양소이다.

그래서 우리는 당분이나 지방이 풍부한 음식을 '맛있는' 것이라고 느끼게 진화했다. 맛있는 음식을 많이 먹는 것, 그것이 살아남는 비결인 셈이다. 어쨌든 먹을 수 있는 만큼 먹어두고 단기적으로 필요 없는 잉여분은 피하지방에 모아두면 장래에 닥칠 기근에도 그럭저럭 잘 보낼 수 있었던 것이다.

기근은 인류에게 일상적인 일이었다. 지구상 일부분에만 해당되기는 해도 현대에도 기근 걱정이 남아 있다. 이런 기근에 준비하는 마음의 움직임은 아직 강력하게 작동하고 있다. 그래서 아이는 눈앞의 아이스크림에 손을 내밀지 않을 수 없는 것이다.

그런데 문명사회에 접어들면서 식량이 풍부해졌다. 시장 원리를 바탕으로, 제조업자는 소비자의 감성을 자극하며 잘 팔리는 제품을 개발한다. 그 결과, 당분과 지방이 많은 식품이 우리 주위를 가득 둘러싸게 되었다. 많은 사람들이 당분과 지방을 과다 섭취하게 되었고, 그 결과 각종 성인병이 만연하게 된 것이다.

여기서 중대한 문제가 하나 있다. 우리에게는 장기적인 과식을 억제하는 유전 정보가 갖춰지지 않았다는 점이다. 수렵 채집 시대까지 식량은 항상 부족했다. 장기적인 과식으로 이어지기 이전에 반드시 기근이 온 것이다.

이처럼 진화 심리학에 의하면, 장기적인 과식의 방지를 개인의 감성에만 의지해 막는다는 것은 다소 힘들다고 예상된다. 사람들의 먹을거리와 여러 소비 행태를 사회 제도로써 억제하는 정책이 필요하다.

계속해서 샐러리를 싫어하는 기원에 대해 생각해보자. 싫다는 감각의 배경에는 그것을 피함으로써 살아남게 된 진화의 역사가 있었다. 어떤 지역에서는 옛날, 샐러리와 비슷한 맛의 식물에 독이 있었다. 그 맛을 싫어한 동물 개체는 살아남은 한편, 그 맛의 정체를 모르고 먹었던 개체는 독에 당해 도태되고 말았다. 그런 역사가 있었음은 틀림없는 사실이다.

옛날부터 식물과 동물은 독과 해독의 싸움을 벌였다. 동물의 대부분은 약간이라도 식물을 섭취해 살아간다. 식물은 계속 동물에게 먹히게 되면 멸종에 이를 수 있다. 식물은 자기를 보호하기 위해 독을 생성하는 방법을 개발했다. 독을 잘 만든 식물은 잘 번영하게 되고 또 그 독을 해독하는 방법을 익힌 동물은 풍부한 음식을 얻고 번영하는 것이다.

진화의 역사는 이러한 사이클을 되풀이하고 있으므로, 살아난 동물인 우리 인간이 독에 민감한 것은 당연한 이치이다. 그러니 독이 있다고 해서 공포를 느낄 정도로 과잉 반응할 필요는 없다. 독을 모두 없애려면 아무것도 안 먹는 것이 확실한 방법이겠지만, 그럼 살아갈 수 없으니 독에 대한 혐오 감정은 공포 정서와 달리 '적당한 회피'로 변하고 있다. '싫지만 조금은 먹어보자' 정도로 약화된 것이다. 독이 없다고 생각하면, 싫지만 조금씩은 먹을 수 있도록 우리의 마음 구조가 유연해진 것이다.

이러한 진화의 구도에 따라 설명하면 대략 다음과 같은 추정을 할 수 있다.

나는 샐러리와 비슷한 맛의 독이 있는 환경에서 그 식물을 안 먹고 다른 식물을 먹고 생존한 조상의 후예일 것이다. 내 아내는 그러한 환경에서 생활하지 않았거나 생활했더라도 그 독을 해독하는 구조를 익힌 조상의 후예일 것이다. 혹은 최근에 아내의 조상에게서 '샐러리가 싫다'라는 유전 정보가 없어졌을지도 모른다.

우리의 선조는 아프리카의 초원을 나오고, 6만 년 전부터 5만 년 전까지 세계 각지로 퍼져갔다. 따라서 지역에 맞게 식생활 습관이 변화했을 것이며 그 결과 먹을거리가 다양화됐을 것이다. 이주지 지역의 음식을 먹을 수 없다면 살아남을지 알 수가 없는 법이다. 자연스럽게 혐오 감정은 유연해져 '문명 고유의 마음'의 주요 기능이 되고 있을 것이다.

지금은 당근도 샐러리도 독이 없는 귀중한 비타민원이 되고 있다. 사사로운 것이지만 '샐러리가 싫다'는 감정을 극복하려는 습관에는 문명사회에서 일정한 의의도 숨어 있다. 혐오 감정을 적절히 억제하는 것이 '문명의 마음'의 한 방식인 것이다.

배우자를 고르는 취향은 후손을 남길 가능성이 결정했다

인간이 품은 다른 인간에 대한 취향에 대해서 논의해보자. 다소 미묘한 부분이 있기 때문에 논의의 순서를 짚고 가겠다. 우선 '야생의 마음'은 어떻게 되어 있는지 인식해야 한다. 여기에는 우리가 직시하기 싫은 사실도 숨어 있다. 그 다음 이를 넘어 '문명의 마음'은 어때야 하는지 전망을 해보겠다.

구체적인 이슈로서 '배우자 취향'에 대해 알아보자. 앞 장에서 인간을 포함한 포유류는 한정된 수의 아이를 애정을 갖고 키우려고 한다고 했다. 아이를 키우는 데는 힘이 많이 들기 때문에 당연히 부모의 협력이 필요하다.

이런 아이 돌보기에는 남성과 여성의 역할 분담이 필연직으로 발생한다. 여성은 태내에서 자녀를 양육하고 태어난 후에도 수유를 해야 한다. 아이의 성장은 긴 기간 동안 엄마의 영양에 의존하고 있다.

포유류에게는 암컷이 주로 육아를 하고 수컷이 위험한 식량 조달에 힘쓰는 것이 자연스러운 분업이다. 조류는 암컷이 알을 낳으면 수컷과 암컷이 함께 새끼를 돌보지만 포유류의 육아에는 생물학적인 제약이 따른다.

음식의 취향이 개체가 살아남을 가능성을 바탕으로 진화한 것이라면 배우자의 취향은 후손이 늘어날 가능성을 바탕으로 진화하고 있다. 암컷이나 수컷도 배우자를 택할 경우에는 자손이 늘어날 가능성이 높은 쪽에 호감을 품는 것이다.

암컷 입장에서 보면 수컷은 강하고 발이 빠르고 완력이 센 편이 좋다. 자손을 키우기 위한 식량을 조달하는 힘이 있으면 그러한 유전 정보가 자손에게 전달되어 미래에 살아남을 가능성도 향상되기 때문이다.

포유류의 암수 체형을 비교하면 수컷 쪽에서 큰 생물 종이 많다. 왜냐하면 큰 수컷 쪽이 생식상 유리하기 때문이다. 큰 수컷은 수컷끼리의 싸움에서 이기고 배우자를 얻을 가능성이 크기 때문에, 암컷도 큰 수컷을 선호하는 경향이 있다. 사람도 남자가 평균적으로 여성보다 큰 것은 그러한 유전적 흔적이라고 생각된다.

수컷 입장에서는 암컷이 새끼를 많이 낳는 게 바람직하다. 새끼를 많이 낳으려면 당연히 영양 상태가 좋고 가슴과 엉덩이가 풍만한 편이 바람직하기 때문에 그런 외모의 암컷이 선호된다. 또 암컷의 생식 가능 연령은 제한되어 있으므로 더 젊은 암컷이 선택 우위에 있다. 사람의 경우 피부의 탄력과 허리 아랫부분이 생식 가능 연령을 나타내므로 그러한 요소가 선호되는지도 모르겠다.

배우자 선택에 있어서 암컷과 수컷에게 공통되는 요소는 배우자의 건강 부분이다. 움직임이 불편한 개체, 털의 결이 거칠거나 피부에 얼룩이 있는 개체, 얼굴이나 신체의 대칭성이 무너지고 있는 개체는 건강하지 않다는 증거이기에 꺼려지기 십상이다. 우리가 피부 손질에 공을 들이고 화장을 하거나 고가의 옷을 차려입거나 하는 것은 이와 같은 이유에서이다.

위생 면도 중요하다. 몸이 더러우면 병이 날 가능성이 높으며, 부패한 냄새를 발하고 있으면 병에 걸린 게 아닌가 의심받기 쉽다. 이러한 개체를 싫어하는 심리적 경향이 존재하는 것은 당연하다고 말할 수 있다. 우리가 몸을 씻고 향수로 냄새를 관리하는 것도 자연스러운 행위인 것이다.

여기까지의 논의가 '야생의 마음'이다. 암컷과 수컷이 협력을 하고 양육하는 과정에서 진화가 이루어졌다. 그 결과 더 많은 아이를 키울 수 있도록 배우자의 취향이 형성된 것이다.

그러면 '문명의 마음'을 생각해보자. 수렵 채집 시대에는 강한 남성의 중요한 특성이 힘이었다. 그러나 집단 내의 협력이 발달할수록 빠르게 창과 활을 만드는 기술이나 멤버를 정리하여 실행에 옮기는 리더십도 중요 특성이 되었다.

집단에 기여하는 능력이 다양해지면서 남성이 선호하는 여성 취향도 다양하게 변했다. 문명사회에서는 협력 형태가 더욱 복잡해지고 취향의 다양화도 급속히 이루어지고 있다. 이젠, 힘이 센 남자만 선호되는 것이 아니다.

문명사회가 되면서 분유가 만들어지고 의료 기술도 발달함으로써 여성에 대한 남성 취향에도 변화가 생겼다고 여겨진다. 옛날처럼 아이를 낳기 쉬운 체형을 바탕으로 배우자를 선택할 필요가 없어지게 되었기 때문이다.

그래도 아직 '야생의 마음'은 우리의 무의식을 지배하고 있다.

의식적으로는 자손을 남기는 일을 대수롭지 않게 여기는 듯해도 배우자를 선택할 때에는 결국 진화의 역사에 가까운 선택을 하고 있다.

현대에서는 배우자 선택의 새로운 경향이 나타나고 있다. 희고 작은 얼굴의 여성이 선호되거나 초식남이 선호되기도 한다. 이것은 자손의 특징이 선호되는 것이라고 짐작할 수 있다. 지금까지 말한 '아이들을 많이 낳기 위한 배우자를 선택'하는 대신 앞 장에서 다룬 아이에 대한 애정의 환기가 배우자 선택에도 적용 영역을 확대한 것이다.

문명사회가 되면서 '야생의 마음'의 일부는 역할을 마쳤다. 배우자 선택에 완력의 완강함과 영양 축적 정도를 요구하지 않아도 된다. 의료 기술이 향상하고 있으므로 설령 사고로 얼굴에 화상을 입었더라도 그 외모로 건강에 불안이 있다고 피할 필요는 없어진 것이다.

'문명의 마음'은 '야생의 마음'의 역할을 인식하고 이를 넘어서는 좀 더 인간적인 것이 되어야 한다. 그리고 인간의 기호 또한 개성에 따라 점점 다양화하고 있음을 인정하는 유연성이 요구된다 할 것이다.

집단에서 필요로 하는 능력이 장점으로 발전했다

운동을 좋아하는 사람은 일반적으로 스포츠를 잘하기 마련이다. 반대로 싫어하는 사람은 그게 약점으로 작용할 것이다. 그러나 스포츠는 잘 못하지만 보는 것은 좋아하는 사람도 있다. 여기서는 호불호에 관한 장단점에 관해 생각해보고자 한다.

수렵 채집 시대에는 협력 활동이 진전되어 개개인의 장점이 다양화되었다고 앞서 설명한 바 있다. 예를 들어 수렵과 채집에서도 각기 필요한 능력이 다르게 진화했다.

멀리 나가서 짐승을 사냥하기 위한 달리기와 던지기 등의 신체적 능력, 땅 모양과 방향을 아는 공간 지각 능력, 도구를 만들거나 덫을 놓거나 하는 기술적 능력이 필요하게 되었다. 또한, 먹을 수 있는 나무 열매나 풀뿌리를 정기적으로 채집하려면 식물의 성질을 아는 능력과 장소 기억 능력이 필요했다.

수렵 채집 시대에는 수렵은 주로 남성이, 채집은 주로 여성이 담당했던 것으로 추측된다. 여성은 자식을 키우는 일로 멀리까지 나가서 작업하는 일은 어려웠으므로 거주지 주변에서 채집을 했다. 아이를 함께 보며 모여서 작업하거나 서로의 정보를 주고 받았을 것이다. *10

사실은 지금 우리들의 능력을 보아도 남성은 사냥에 필요한 능력이, 여성은 채집에 필요한 능력이 평균보다 높은 것으로 알려지고 있다. 남자는 공간 지각 능력과 기술적 능력 등이 높은 경향이 있다. '시스템화 능력'이 높은 것이다.

여성은 채집에 필요한 능력과 의사소통에 필요한 언어 능력 등이 높은 편이다. 배우자가 사냥에서 돌아오지 못하면 집단의 다른 멤버로부터 도움을 받지 않으면 안 된다. 그래서 여성에게서는 집단에서 잘 행동하는 능력이 특별히 진화했다.

이 능력의 남녀 차이는 어디까지나 '평균'을 말하는 것이기 때문에 개별 남성과 여성에 대해서는 성립되지 않을 수도 있다. 하지만 이러한 집단 내에서의 장단점의 발현은 '야생의 마음'에서 유래했음이 분명해 보인다.

읽기, 쓰기, 계산은 문명 고유의 능력

문명사회에서는 새로운 능력이 필요하게 되었다. 1만 년 전부터 문자와 돈이 집단의 확대에 기여했다. 말하고 나면 바로 사라지는 '구어(口語)'를 문자로 옮겨 쓰는 '문어(文語)'의 등장은 시간과 공간의 제약을 뛰어넘어 많은 사람들에게 정보를 전할 수 있게 했다. 오늘날 사회에서 통용되는 계약이나 법률이 성립될 수 있도록 만든 것이다. 또한 화폐가 등장함으로써 멀리 있는 사람들끼리도 거래가 가능하게 했다.

사회에서 문자나 돈을 쓰려면 그것을 사용할 수 있는 능력을 갖추고 있지 않으면 안 된다. 이른바 읽기, 쓰기, 계산 능력이 요구된다. 이러한 능력은 구어가 생활 속에서 자연스럽게 익혀진 것과는 대조적으로 학교 등 교육집단에서 적극적으로 배우지 않으면 안 된다.

구어가 '야생의 마음'에 내장된 것에 반해서 읽기, 쓰기, 계산은 교육에 의해 완성되는 '문명 고유의 마음'이 아닌가 한다. 이런 능력은 본능적으로 타고난 것이 아니므로 각기 다른 여러 능력을 조합하는 형태로 학습하지 않았나 생각된다.

앞에서 설명한 여러 가지 능력 또한 교육과 훈련으로 향상되었다. 예를 들어 신체적 능력은 타고난 측면도 중요하지만 훈련을 통해서 더욱 향상시킬 수 있음을 잘 알고 있다. 그래서 학교에서는 각각의 학생에게 가급적 많은 능력을 고도화하는 다양한 과정을 교육한다.

그러나 수렵 채집 시대 이후의 협력 집단은 작업을 분담하는 쪽으로 발전해왔다. 집단의 멤버는 각자의 능력을 키우고 그것을 사용하는 일로 협력을 이루어온 것이다. 그렇기 때문에 능력의 다양성과 개인의 기호에 맞춘 교육이 우리의 진화와 본능에 더 부합할 것이다.

예를 들어 학교에는 평가 시험 등을 통해 경쟁적으로 배우는 것을 좋아하는 학생과 그룹에서 친구들과 함께 토론하고 협력하는 것을 좋아하는 학생이 있다. 이것도 수렵 채집 시대의 영향일지도 모르나 전자는 남자 쪽이 많고 후자는 여자가 많다. 배우는 방법에 있어서도 취향을 고려한다면 보다 효과적일 수 있지 않을까 한다.[11]

자기가 좋아하는 것, 가장 잘하는 것이 반드시 지금의 사회에서 요구되는 능력이 아닐지도 모른다. 그러나 좋아하는 것을 찾아내고, 그에 따른 훈련을 계속함으로써 그중 하나라도 집단에 기여할 수 있는 것이다.

CHAPTER 05

질투와 후회

오늘은 댄스 콘테스트 날이다. 반년 간의 훈련 성과를 시험받는 것이다. 10분 동안의 무대로 그동안 혹독한 연습을 하며 함께 노력해온 동료들과의 노력을 평가받는 시간이다. 호흡도 잘맞고 어느 때보다 순조로운 콘테스트였다. 이대로만 하면 우승은 우리 것이야!······ 기대를 하였지만 결과는 2위였다. 또 라이벌 팀에 우승을 빼앗긴 것이다.

우리는 기대하던 이익을 얻지 못하면 아쉬운 마음을 갖게 된다. 그런 마음을 지렛대로 삼아 다음에 다시 도전할 수 있다. 그러나 그 이익이 타인에게 돌아간다면 종종 질투와 부러움을 느끼게 된다. 이러한 질투와 선망은 선사시대의 작은 생활 집단에서는 일정한 가치가 있었는데, 현대 사회에서는 무용지물이 되는 듯하다.

또 분한 마음이 심해져, 끙끙거리며 후회하게 되면 이 또한 문제가 커지게 된다. 준비가 미흡했다며 자신을 몰아세우게 되면 최선을 다한 만족감은 느낄 수가 없다. 후회하는 마음도 적당한 정도로 간직해야만 한다.

05

질투와 후회

배우자에 대한 질투는 일부일처제에 도움이 됐다

질투와 후회 등은 사회적 요소가 꽤 큰 감정이라고 나는 생각

한다. 즉 '야생의 마음' 중에서도, '초원에서 유래한 마음' 부분에

해당한다고 말할 수 있다. 수렵 채집 시대의 생활 형태를 상상하

면서 그것들을 검토해보고자 한다. 우선 '배우자에 대한 질투'에

대해서 생각해보자.

선사시대 인간의 혼인 형태는 어떠했을까? 지금의 문명사회에서는 '일부일처제'이지만, 그때는 좀 더 자유로운 혼인 형태였다고 추측된다. 예를 들면 침팬지 집단은 '난혼'에 가까웠다. 수컷은 복수의 암컷을 두었으며 많은 암컷의 새끼를 받아들였다. 또 지위가 높은 수컷이 아이를 더 많이 두는 경향도 있었다. 때문에 '난혼'이기보다는 '일부다처제'에 더 가까운 형태라고 할 수 있다.

오늘의 사회에서는 이혼이 늘고 있는데 일부일처를 지키려는 제도나 풍습이 희미해진 것이 하나의 원인이라고 생각된다. 즉 우리의 감정적인 핵심을 이루는 '야생의 마음'에 일부일처제가 반드시 존재하지는 않았을 가능성이 있다.

그 배경을 찾기 위해서, 유성 생식 생물학을 확인해보자. 생물학상으로 난자를 제공하는 것이 암컷, 정자를 제공하는 것이 수컷이다. 난자에는 유전 정보 이외에 아이를 키우는 영양물이 포함되지만 정자에 포함되는 것은 거의 유전 정보뿐이다. 그래서 난자보다는 정자가 많이 만들어진 것이다.

암컷이든 수컷이든 자신의 자손을 많이 남기려고 한다. 지금까지 여러 차례 논의한 대로 자손을 많이 남기는 행태가 생물 진화에 의해서 자연스럽게 선택되었고 암컷도 수컷도 그런 행동을 익혀왔다.

따라서 정자를 많이 만드는 수컷들은 필연적으로 정자를 가급적 많이 퍼트리는 행동을 하게 된다. 다른 한편 암컷은 한정된 난자를 소중히 생각하게 된다. 포유류처럼 한정된 수의 새끼를 돌보고 키우는 동물에게서는 더욱 이러한 경향이 높아진다.

인간의 경우로 생각한다면 남성은 가급적 많은 여성에게 수정시키려고 다른 남자와 유혹 경쟁을 하게 되고, 여성은 바람직한 남자의 아이를 얻고자 보수적으로 행동한다. 자유로운 혼인이 자연스러운 듯하지만, 인간에게는 일부일처제를 취한 이점이 있다.

인간은 다른 동물보다 자녀 양육에 시간이 많이 걸린다. 자신의 자손을 남기려면 일하지 않으면 안 된다. 여성의 경우 자기가 낳은 아이는 분명히 자신의 자손이다. 허나 남자의 경우, 자기의 자손이라고 생각하지만 사실 남의 자녀를 양육하고 있을지도 모른다는 불안이 있다. 그 위험성을 낮추는 것이 일부일처제이다. 일부일처제라면 남성은 아내에게서 태어난 아이를 '자신의 자식이다'라고 확신할 수 있다.

진화 심리학자 데이비드 버스는 남녀 간에는 질투 감정의 차이가 있고, 그 차이가 진화상의 이유로 설명할 수 있음을 지적했다. *12

	성적 관계		바람기	
	남성	여성	남성	여성
미국	76%	32%	24%	68%
한국	59%	19%	41%	81%
일본	38%	13%	62%	87%

표 2 배우자의 어떤 부정을 더 책망하는가?

표 2를 보면 남자들은 배우자가 성관계에서 부정을 저지르는 것에 여성보다 더 신경 쓰는 것으로 나왔다. 배우자가 자신을 속이고 다른 남자의 아이를 낳아 키우면 진화 원리 면에서 큰 손실이다. 그래서 남자들은 이러한 질투 감정을 품고 성관계에서의 부정을 인정하지 못하는 쪽으로 진화했다.

한편 어떤 나라의 여성도 바람기 있는 배우자에 대해 남성보다 더 신경을 쓰는 것으로 나타나고 있다. 성적인 관계가 아니더라도 배우자가 다른 여성에게 마음을 뺏기면 재산을 바치고 금전적인 큰 손실을 입게 될 수 있다. 이는 육아에도 큰 차질이 빚어지는 일이다. 그래서 여성은 이러한 종류의 질투 감정을 품고, 바람기를 참지 못하는 쪽으로 진화하고 있는 것이다.

집단 내의 질투는 이익을 분배하기 위함이었다

배우자의 질투에는 자신의 자손을 번영시킨다는 진화상의 이익을 확보하는 역할이 있다. 그것이 잘 작용하기 때문에 부정한 사람이 죄책감을 느끼고, "앞으로 절대로 안 해"라고 말한다. 즉 '질투→죄책감'이라는 관계가 성립하게 된다.

그런데 앞의 댄스 콘테스트에서 느낀 감정처럼 '질투→죄책감'이라는 관계로 이어지지 않는 경우도 있다. 경쟁하는 관계에서 늘 우승을 놓쳐버리게 되면 라이벌에 대해 질투가 나기도 한다. 그러나 라이벌은 우승한 것에 대한 죄책감을 보통 느끼지 못하는 법이다.

물론 친한 사이에서의 경쟁이라면, '또 이겨서 죄송합니다'라는 마음이 들지도 모른다. 질투란 보통 집단의 동료 사이에서 잘 생긴다. 이런 경우는 '질투'보다는 좀 더 약한 '선망(부러움)'이라는 말이 좋을지도 모르겠다.

예를 들어 낚시가 초보인 친구에게 물고기 잡는 방법을 알려주자 바로 낚시대회에 출전하여 우승했다고 하자. 자신은 여러 차례 출전했어도 우승 한번 못하는데 그 친구는 월척을 낚고 상금까지 획득한 것이다.

낚시를 하지 않는 사람이 낚시 대회 우승자에게 질투하는 일은 없다. 낚시를 가르쳐준 그 사람이 질투를 느끼는 것이다. 일시적이지만 질투가 발생한다. 의미가 있는 감정이다. 어쩌면 둘은 우승 상금을 나누어 가질지도 모르는 일이다. 물론 '친구가 가르쳐주지 않았다면 우승은 불가능했을 거야!'라는 고마운 감정이 선행되어야 할 것이다.

질투는 자신에게 왔을 가능성이 있었던 이익이 다른 곳으로 갔을 때 그것을 자신에게 불러들인 감정이다. 수렵 채집 시대의 소집단에서는 이 감정이 큰 의의가 있었다. 집단에서 발생한 이익은 질투를 표시하는 사람에게 비교적 많이 배정됐을 것이기 때문이다.

이렇게 우리는 '질투하는 사람'이 되는 오늘날에 이르렀다. 그런데 문명사회에서는 사정이 변화하고 있다. 소규모 무리 상태에서는 상대가 바람을 피우면 질투에 의해서 다시 원래의 상태로 되돌릴 수 있는 가능성이 컸으며 그것을 고집하는 것이 이점도 컸다. 왜냐하면 소규모 무리에서는 양측의 선택 사항이 제한되어 있기 때문이다.

한편, 오늘날 큰 집단 사회에서는 선택 사항이 많아졌다. 상대에게 질투의 감정을 표현해도 상대는 그것을 번거롭게 생각하고 다른 선택을 할 가능성이 높다. 질투를 표명하는 것도 다른 선택의 여지가 많은데 왜 고집을 피우냐고 비판할 정도까지 되었다.

현대의 질투 감정의 가치 저하는 남녀 관계에 머무르지 않고 광범위한 상황에서 일어나고 있다. 스포츠 대회 우승자를 질투하는 것은 스포츠맨십에 저촉되기도 한다.

'문명의 마음'에서는 질투 감정을 되도록 절제하는 게 나을 것 같다.

이익 배분은 현대에도 중요한 문제이다

협력 집단 안에서 이익 배분은 현대적 문제이다. 집단이 위기에 빠지면 결속력이 높아지면서 단결하게 된다. 그런데 위기에서 벗어나고 집단 내에 이익이 축적되면 종종 배분을 놓고 분쟁이 일어난다. 유산 상속에 문제가 발생하여 사이좋던 형제자매가 소원해져 버리는 경우도 많다.

도둑을 다룬 영화를 보면 금고를 열기까지는 서로 긴밀히 협력하지만 금품이 손에 들어오면 싸움이 벌어지는 상황이 늘 등장한다. 직장에서도 다른 동료보다 많이 일하고 있으니 월급을 올려달라고 상사에게 요구하는 경우도 있다. "내 월급을 올릴 수 없다면 저 동료의 월급을 내리세요"라며 상사와 임금 협상을 했다는 농담을 들은 적이 있다.

이런 행동 경향의 배경에 있는 감정은 공평해야 한다는 논리가 아니라 공헌에 상응하는 배분을 요구하는 공헌평등주의가 깔려 있다고 할 수 있다. 현재 우리에게 이런 감정이 있다는 것은 수렵 채집 시대에도 완전한 공평 논리가 아닌 다른 무언가에 따른 중점 배분이 이루어져왔기 때문이다.

앞에서 다룬 질투는 집단 내에서 이 배분을 올리는 효과가 있었다고 보여진다. 그렇다면 문명사회에서는 감정적이 되지 않으면서 중점 배분을 어떤 기준에서 진행할 것인가? 이것은 아직도 해결하기 힘든 어려운 문제이다. 사회 전체적으로 사회주의와 자본주의 사이의 논쟁이 계속 이어지고 있다.

순조롭게 성과를 올리고 있는 조직에서 적절한 배분 방법을 낳고, 그것을 조직의 멤버가 이해하고 있다면, 그런 조직원이야말로 현대에 맞는 '문명의 마음'을 갖고 있는 것이다.

'후회'는 잃어버린 배분을 되찾기 위한 감정이다

질투와 같은 진화적 배경을 생각할 수 있는 감정에 '후회하는 마음'이 있다. 질투가 다른 사람에게 향하고 있는 감정이라면 후회는 자기를 향하고 있는 감정이다. 반성하는 것과 후회하는 것은 무엇이 다른 걸까?

반성하는 것은 이성적 분석이고 후회하는 것은 감정적인 것이라고 나는 생각한다. 분명 후회가 반성으로 연결되는 면이 있지만 후회는 반성을 넘어서 또 다른 고집을 낳는다. 과거 이 고집이 집단 내에서의 자신의 배분을 증가시켰다

인간은 이득보다 손해에 더 민감하다. 1만 엔의 득을 본 것보다 1만 엔 손해를 입은 것에 더 신경을 쓴다. 손해 보면 계속 생각나고 되짚어보게 된다. 수렵 채집 시대라면 목숨에 관련되는 경우도 있었을 것이다.

손해를 보면 후회의 감정이 들고, 어떤 행동을 취하는 것이 생존에 중요한가를 인지하게 됐다. 반대로 잘된 것에는 행동을 취할 필요가 없었다. '행동하고 난 뒤 후회해봐야 소용없다(그래서 후회하지 않도록 먼저 행동하는 뜻)'는 격언이 있다. 후회가 행동에 수반되는 감정임을 잘 나타내고 있는 말이다.

집단 내에서 자기가 기대한 배분이 이루어지지 않았을 때 그 부분에 고집하는 감정이 있으면 다시 배분이 이루어질지도 모른

다. 자기가 잃은 이익이 아직 집단 내에 있는 동안은 되찾는다는 것이 완전 불가능하지는 않은 것이다.

이런 종류의 후회도 질투와 마찬가지로 문명사회에서는 문제를 낳는다. 예를 들어 주식 거래에서는 이득과 손해를 균등하게 다룰 필요가 있다. 손해에 집착하게 되면 계속 떨어진 가격에 주식을 팔게 된다. 문명사회에서 잃은 이익을 되찾는 것은 정말 힘든 일이다. 손해에 집착하지 말고 다른 이익을 추구하는 편이 훨씬 더 결실을 얻을 수 있다.

선택 사항의 수도 후회와 관계가 있다. 앞서 수렵 채집 시대 집단은 선택의 수가 적었다고 말했다. 수렵 채집 시대는 선택 사항을 다 검토한 뒤 선택하는 것이 가장 적절한 방법이었다. 생각하지 않은 선택을 한 다음 잘못되면 바로 후회하고, 다른 선택을 할 수도 있었다. *13

그런데 문명사회의 큰 집단에서는 선택 사항이 많아졌다. 선택을 위해 검토하기에는 막대한 시간이 들어 현실적인 방법이 못된다. 당연히 몇 개의 선택 사항을 조사해 택하지 않으면 안 된다. 이때, 조금이라도 잘되지 않으면 곧바로 '후회하는 마음'에 시달리게 된다.

현대는 여러 가지 가능성이 있는 사회이다. 그러나 너무 낮은 가능성에는 매달리지 말자. 질투와 마찬가지로 후회라는 감정도 스스로 잘 억제하고 적당히 만족하는 것이 현명한 '문명의 마음'이다.

CHAPTER 06

자기 과시욕과 승인

나는 어떤 인간일까. 친구에게는 항상 친절하게 대하고 있지만 어떤 날은 곤란에 처한 노인을 살짝 피해 모른 체하며 지나가기도 한다. 사소한 것에 별로 신경 쓰지 않는 타입이라고 생각하지만 어제는 외출하기 전에 머리 스타일이 신경 쓰여 한 시간이나 낭비했다. 도대체 어느 것이 '진짜 자신'의 모습인가?

이처럼 현대의 젊은이는 자주 "정체성을 찾고 있다"라고 말한다. '자신은 이런 사람이다'라는 자아상을 모색하는 것이다. 자아상을 굳히고 다른 이에게 보이는 것이 '자기 과시'이다.

사실 집단에서 개인의 자기 과시욕이 강하면 집단의 협력이 촉진된다. 개개인의 특징을 명확히 알 수 있어, 분담 작업이 잘되기 때문이다. 자기 과시욕이 집단의 생존에 공헌하는 것이다.

그러나 현대 사회에서는 집단이 유동화되고 개인이 복수의 집단에 소속되어 있는 것이 일반적이기 때문에 세련되지 못한 형태의 자기 과시욕은 오히려 정신적 부담이 될 수 있다.

‘욕구’와 ‘감정’은 어떤 차이가 있을까?

이 장에서는 자기 과시욕이라는 ‘욕구’에 대해 알아보자. 지금
까지 다루어온 ‘감정’의 흐름에서 보면 다소 위화감이 있을지도
모른다. 그래서 ‘욕구’와 ‘감정’의 관계를 정리해보겠다. 이 책은
이들의 뿌리는 같다는 입장에서 출발하고 있다.

예를 들어 식욕을 공복감으로 말할 수도 있다. ‘단것이 먹고

싶다'라는 욕구는 '단것에 대한 공복감'이라는 감정으로 표현해도 무방할 것이다. 마찬가지로 분노 감정은 '공격 욕구', 애정은 '지원 욕구' 등으로 다시 말할 수도 있다. 즉 '욕구'는 외적인 행동을 바탕으로 한 표현, '감정'은 내면의 생각을 바탕으로 한 표현이라고 말할 수 있다.

'공복감이 식욕을 불러 온다'라는 말에서 살펴보면, 감정이 먼저 환기되고 그것이 욕구라는 형태가 되어 행동이 이루어진다고 생각하기 쉽다. 그러나 서장에서 밝힌 실험의 결과를 보면 내면의 생각과 외적인 행동은 의외로 일체화하고 있다는 걸 알 수 있다. '사람들이 춤을 추는 모습을 보면 즐거워진다', '오늘은 많이 먹었다. 아마도 내가 공복감을 많이 느꼈던 모양이다' 이런 예들이 그 증거일 수도 있다.

내면이 두드러진 심리 현상은 감정 표현이, 행동이 두드러진 심리 현상은 욕구 표현이 되는 것 같다. 분노라는 감정은 자신의 내면에서 발산되는 것이 역력하기 때문에, '공격 욕구'라기보다는 감정으로 취급하는 것이 옳을 것 같다.

또한 내면의 생각에는 많은 차이가 있다. 자신은 애정을 느낀 적이 없지만 '지원 욕구'는 있다고 주장하는 사람도 있는데, 이런 경우도 '애정'이라고 불러야 하는 것이 맞다고 생각한다.

다시 자기 과시욕으로 돌아와보자. 이것은 감정이 아니라 욕구를 표현하는 '자기 제시'라는 행동으로 나타나는 것이 아닌가 한다.

자기 과시욕의 목적은 자신의 장점을 드러내고
집단에 공헌하는 것이다

우리 자신은 어떤 인간인가라는 의문을 갖고 고민하며 살아간다. 이 책에서도 그동안 여러 각도로 얘기한 것처럼 진화 심리학에서는 '마음의 기능은 여러 요소의 모임'으로 생각하고 있다. 이를 '마음의 모듈성'이라고 부른다. 마음이 복잡한 구조를 하고 있기 때문에 "나는 이러이러한 사람이야"라고 단순하게는 말할 수 없는 것이다.

마음의 기능 요소(모듈)에는 경쟁을 유발하는 분노 감정도 협력을 유도하는 우정도 있다. 그것들은 다른 진화적 경위에서 각각 형성되어 하나의 마음 안에 동거하고 있다. 전에 말했듯이 각각은 외적인 여건에 따라 발현되는 '영역 특이성'을 가지고 있다. 한 상대에 대해 경쟁과 협력을 동시에 할 수는 없는데, 이는 외적인 상황에 맞게 어느 한쪽이 발동하기 때문이다.

'나는 친절한 사람이다'라며 남을 도와주는 행위에는 그리 큰 의미가 없는 경우도 있다. 그러나, 배우자를 찾는 목적으로 '나는 성실한 사람이다'라고 표명하는 것은 배우자 선택에 유익하다. 동물에게는 그러한 단순한 자기 과시가 짝짓기 시기에 집중해서 나타난다. 사람의 경우 좀 복잡하다. 모두가 하나같이 공통된 자아상을 과시하려 하는데 참 어려운 문제이다.

본래 마음은 복잡하기 때문에, '나는 친절하다'나 '나는 얽매이지 않는 성격이다' 등의 말로 단순하게 표현하고 싶어 한다. 스스로 판단할 수 없을 경우 심리 테스트를 이용하기도 한다. 그러나 이런 심리테스트 등은 단순한 참고 정도로 하는 것이 좋을 듯하다.

이 욕구의 기원을 해명하는 열쇠는 역시 수렵 채집 시대에 있다. 수렵 채집 시대는 100명 정도가 집단생활을 하고 있었다. 예를 들어 협력해서 사냥을 하고자 한다면 덫을 거는 사람, 짐승을 그쪽 방향으로 몰아넣는 사람, 창으로 찔러서 짐승을 제압하는 사람 등 작업 분담이 필요하다. 각각의 작업에 능숙한 사람을 적재적소에 배치하면 최대의 협력 성과를 얻을 수 있었다.

그 적재적소에 배치하려면 집단 각 멤버가 잘하는 기능이나 작업의 취향을 파악하고 개개인의 희망을 조정하여 할당하지 않으면 안 된다. 각 멤버가 "나는 덫을 잘 만드니 그 작업에 투입해 줘!"라고 요구하면 협력은 신속히 진행된다. 오늘날 우리가 말하는 자기 과시욕은 이렇게 유래되었다고 볼 수 있다.

진화 심리학적으로 분석해보면, 자기 과시는 '복잡한 자신을 집단의 요구에 맞추어 간단화해서 집단에 공헌하는 것'을 목적으로 한 욕구라고 보면 된다.

즉 자기 과시 욕구는 대상 집단이 필요하다. 다시 말하면 본인의 자아상을 과시하기 위해서는 집단을 보고 분담 가능한 작업을 찾아 두드러진 성과를 나타내지 않으면 안 된다. 현대 사람들은 외적인 상황을 보지 않고 내면만 찾고 자아상을 결정하는 것은 아닌지 한 번쯤 생각해볼 일이다.

그러나 선사시대와 지금 우리가 살아가는 시대의 자아상에는 차이점이 있다. 수렵 채집 시대에는 바로 자신이 속한 집단 안에서 그 집단에 공헌할 수 있는 자아상을 찾아야 했다. 선택의 여지가 없었던 것이다. 현대의 우리는 집단을 선택할 수도 있다. 즉 나의 장점을 잘 발휘할 수 있는 집단을 찾을 수 있는 자유가 생긴 것이다. 그 자유를 담보로 현재 눈앞에 없는 집단에 맞춰 본인의 자아상을 다지게 되었다.

이는 대단히 어려운 문제이다. 과거와는 달리 외부적 환경이 되어줄 집단이 정해지지 않은 상태에서 너무 고정되어 있는 자아상을 만들어버리면 여러 문제점이 발생할 수도 있기 때문이다. 자신의 내면을 보듯 눈을 밖으로 먼저 돌려 여러 가지 외부적 환경을 살펴볼 필요가 있다.

수렵 채집 시대에는 집단에서 인정받는 것이 생사의 문제였다

자기 과시 욕구와 집단의 관계를 살펴보면, 거기에는 '인정받고

싶은 욕구'도 보인다. 일이 주어지고 원활히 처리하여 집단에 공헌한 성과를 나타낸다면 자기 과시 또한 받아들여지고, 그 집단의 멤버로 '인정된다'는 것이다. 즉 '자기 과시→승인'이라는 관계가 보인다.

수렵 채집 시대에는 집단에 받아들여지는 여부가 생사의 가장 큰 문제였다. 당연히 집단 내에서 인정받지 못하면 불안을 느끼고 어떻게든 인정받아야 한다는 강한 욕구를 가지게 되는 것이다. 그것이 '야생의 마음'에 편입된 것이다.

현대에서는 기여하는 집단이 결정되지 않은 것이 단점이라는 취지의 논의를 했다. 이는 반대로 기여하는 집단이 결정되지 않은 것을 이용할 수도 있다는 말이 된다.

자유가 중시되는 현대 사회에서는 특정 집단에만 소속할 필요성이 없다. 오히려 복수의 다양한 집단에 소속되어 있는 사람이 '마당발'로 존중받는 세상이 되었다. 동시에 '인정'에 대한 욕구는, 어딘가 인정받을 수 있는 집단 하나를 발견하고 거기서 만족하면 되는 것이다. 일종의 사회적 테크닉일 수 있다.

봉사 단체라든지 취미 동아리 등 자신이 가장 활발하게 움직일 수 있는 집단이면 만족하게 된다. 이처럼 만족스러운 집단이 꼭 생업이 달린 집단일 필요도 없다. 젊은이들이 자주 "자아실현의 장을 찾고 있다"라고 말하는데 이러한 사회적 테크닉은 이미 실행되고 있는지도 모른다.

'복수의 집단에 소속'이라는 상황은 지극히 현대적이다. 이러한 상황에 걸맞게 마음의 구조 또한 변하지 않으면 안 된다. '야생의 마음'은 하나의 집단에 소속된다는 전제가 있기 때문에 변하지 않으면 큰 혼란을 겪을 위험이 있다.

또 하나의 위험성은, 복수의 집단에 소속되어서 모든 집단에게 인정받기를 요구하는 것이다. 회사에서 임원을 맡고 있는 사람이 취미 동아리에 참여하고, 거기에서도 임원 취급을 받고 싶다고 생각해서는 안 된다는 것이다.

자기 과시의 일관성을 지나치게 추구하는 경향도 위험하다. 어떤 집단에서는 작업을 분담해 거기에 맞는 모습을 보여줘야 하고, 또 다른 집단에서 다른 작업을 분담할 때는 그에 맞는 모습을 보여줘야 한다. 지역 활동에서는 아이들에게 축구를 가르치는 '애정 어린 코치'지만 직장에서는 숫자에 까다로운 '차가운 경리 담당자'의 모습이 바람직한 것이다.

그런데 양쪽의 자아상이 확연히 다르다면 곤란할 수도 있다. 현대의 자아상은 집단마다 다르게 제시받는데 누구나 자신 특유의 자아상을 하나로 형성하려는 심리적 경향이 있다. 이것은 하나의 집단에만 소속되었던 시대에 형성된 '야생의 마음'이 나타난 결과이다.

마음의 복잡성을 재인식하고 지나치게 복잡하거나 또는 단순화한 자아상을 형성하지 않고 집단에 따른 자기 과시를 응용할 수 있는 '문명의 마음'이 요구된다.

자기 과시가 언어의 진화를 가져온 것은 아닐까?

아직 언어가 형성되지 못했던 시절을 상상해보자. 그 시절의 자기 과시는 어떻게 이뤄지고 있었을까? '나무 타기를 잘한다'는 과시를 하고 싶으면 실제로 행동으로 옮기면 되고, '창을 잘 만든다'는 과시를 하고 싶다면 실제로 만든 창을 보여주면 됐다.

그러나 예를 들어 '멀리까지 장시간 걷는 것이 특기'라면 곤란했을 것이다. 이를 보여주는 것은 간단한 일이 아니었다. 무엇인가를 과시하기 위해서는 여러 가지 시늉을 하거나 소리를 내는 노력이 필요했다. 이러한 제스처나 목소리로부터의 자기 과시가 언어의 진화를 가져온 것은 아닐까?

언어의 기원은 무엇인가 하는 논의는 예전부터 많이 이루어져 왔다. 그중에서 내가 가장 유력하다고 생각한 설은 노래와 춤이다. 노래의 가사와 춤의 순서를 글로 구성하면서 점점 언어에 가까운 문법 구조가 형성되었으리라는 것이다. *14

노래와 춤을 중요시하는 이유는 언어 없이 자기 과시를 할 때 제스처와 소리를 사용했을 거라고 생각해서이다. 또 하나의 이유는 현대에서 자기 과시를 하고 싶은 사람은 주로 음악 밴드나 댄스 팀에 들어가는 예가 많다. 이는 자기 과시 수단에 노래와 춤이 유효하다고 생각하기 때문일 것이며, 아마 언어 발생 이전에 그것들이 활용됐다는 증거일지도 모른다.

현대의 자기 과시는 불완전하다

정보 미디어가 발달한 오늘날에는 자기 과시에도 새로운 측면이 나타났다. 인터넷이나 블로그 등 각종 SNS로 자기 과시를 비교적 쉽게 실행할 수 있는 기회가 늘어난 것이다. 만약 자기 과시 자체가 욕구의 목적이라면 인터넷에 자신을 표현하면 그것만으로 만족하게 된다.

그러나 실제 자기 과시에 대한 반응이 적으면 SNS의 이용을 더 하게 되는 경향이 있다. 많은 자기 과시는 그에 따른 명확한 인정을 추구하기 때문이다. '널리 알려지기 바란다'는 욕구의 만족이 필요한 것이다.

각종 서비스에서는 댓글 등 열람자(팔로워)의 응답을 게시하게 하는 인정의 욕구에 대한 구조를 도입하고 있다. 그리고 어느 정도의 성공을 거두고 있는데, 아직 많은 사람이 만족할 수준은 아니다.

그 배경에 있는 문제는 인정이 일시적으로 개인에게는 만족스러울지 모르지만 집단에 기여했다라는 성취감을 얻지 못하는 불완전함이다. 물론 사회 발전에 기여하고 있는 사람도 있지만 그들은 소수에 불과하다.

정보 미디어의 자기 과시는 인정에 대한 응답을 얻고 최종적으로 집단에 공헌하는 반응까지 얻는 것이 이상적이다. 이상적인 서비스가 되려면 집단의 목표가 먼저 명시되며 그것을 향한 착실한 진전, 그리고 이를 이용한 사람들이 일정부분 집단이나 사회에 기여하고 있다는 명확한 무언가가 있어야만 한다. 이런 서비스가 폭넓게 나타나면 정보 미디어를 통해 많은 사람이 '자아실현의 장'을 찾을 수 있을 것이다.

마지막으로 자아실현의 사회적 측면을 생각해보자. 자아실현이란, 개인의 자기 과시에 대해 집단으로부터 인정을 받고 이를 토대로 집단에 기여하고 성취감을 얻을 수 있다는 일련의 프로세스이다. 이를 집단 측에서 보면 자기 과시한 개인을 인정하고, 그 개인이 집단에 공헌하면 칭찬하는 구조이다. 즉 '자기 과시→승인→기여→칭찬→성취감'이라는 개인과 집단의 캐치볼이라는 것이다.

집단에서 개인에게 기회를 준 이상 그 개인은 어떻게든 집단에 기여하고 싶을 것이다. 작은 집단이라면 개인이 집단에 공헌한 것에 대해서는 칭찬 등의 감정적인 보수가 자연스럽게 생성되어왔다.

그런데 큰 집단의 경우에는 그런 감정적 보수가 확실히 갖추어져 있지 않다. 돈이 그 가치를 대신할 수도 있지만 완전하지 못하다. 집단이 성과를 올리는 방식이 복잡해지고, 개인의 집단에 대한 기여가 어떻게 집단의 성과로 이어지는지가 명확하게 되어 있지 않은 것이 큰 원인이다.

현대에서는 자기 과시에 대해서 기회가 주어지면 그 책임을 다하려 한다(비록 그것에 일정한 보수가 없더라도). 이는 진화적 준비가 없었던 '문명 고유의 마음'이라 생각한다. '일단 시작하면 끝까지 한다'는 책임감 교육이 이루어졌기 때문일 것이다.

사실은 책임감의 배후에는 평판과 부끄러움에 관한 감정도 끼어 있다. 이에 대해서는 11장에서 다시 논의하기로 하자.

CHAPTER 07

즐거움과 웃음

오늘은 정말 즐거웠다. 오전에는 거리에서 쇼핑하고 낮에는 좋은 레스토랑에서 식사를 했다. 오후엔 노래방과 카페에서 평소 만날 수 없었던 사람들을 만나며 하루 종일 즐거운 시간을 보냈다. 집에 돌아가서는 친구에게서 아이가 태어났다는 기쁜 소식을 들었다.

'즐거움'이나 '기쁘다'라는 감정은 우리가 긍정적인 상태에 있음을 가리킨다. 이런 감정은 대체로 욕구 충족에 따라 느껴진다. 식욕이나 소유욕이 결여된 상태에서 충족된 상태가 되면 쾌적한 느낌이 될 것이다.

또 우리는 그 쾌적한 느낌을 상상하며 이것저것 노력하는 경우도 있다.

그런 의미에서 이런 긍정적 감정에 대한 기대가 욕구를 움직이게 한다고 할 수 있다.

긍정적 감정은 개인적 만족을 달성하겠다는 측면도 있지만 동시에 사회적인 역할도 한다. 집단의 멤버가 즐겁다는 것, 이 또한 집단의 협력이 촉진되기 때문이다. 모두가 즐거우면 활기차게 일할 수 있게 된다. 특히 인간이 지닌 타인과의 공감대가 이러한 경향을 더욱 촉진시켰다.

07

즐거움과 웃음

긍정적 감정이 없는 개체는 도태되었다

'기쁘다'와 '즐겁다'의 차이점을 생각해보자. 선물을 받게 되면 '기쁘다'는 감정을 느끼지 '즐겁다'는 감정을 느끼지는 않는다. 즐거운 기분'이라는 말은 있지만 '기쁜 기분'이라는 말은 없고, '기쁨의 눈물'은 있지만 '즐거운 눈물'은 없다.

같은 긍정적 감정이지만 '즐거움'은 비교적 오래 지속되는 감정이고 '기쁨'은 짧게 지속되는 흥분된 감정 같다. 진화 심리학적 관점에서 보면 모두 욕구가 충족된 긍정적 상태를 나타내므로 굳이 구별할 필요는 없다.

그러나 일상생활이나 인간관계에서는 감정의 지속 시간이 중요하므로 이를 구별하는 말이 발달했을 것이다. "기뻤어"라고 말할 때는 아직 '즐거운 기분'이 계속되고 있는 것임에 반해, "즐거웠어"라고 할 때는, '즐거운 기분'이 끝나고, 새로운 행동을 개시해야 한다는 의미가 포함된 듯한 느낌이 든다.

그런데 이러한 긍정적 정서에는 쾌적한 느낌이 따른다. 이러한 감정을 요구함으로써 의식주나 생식, 안전 등의 생활 기반이 구축되게 된다. 그래서 이러한 감정들은 살기 위한 기본적 정서라고 할 수 있을 것이다. '음식을 구해서 기쁘다', '섹스는 즐겁다' 같은 경우이다.

반대로 말하면, 그러한 삶을 위한 기본적 감정을 갖지 않는 개체는 자연스럽게 퇴출되어버린다. 그 결과 생활의 기반이 반듯한 상태에 긍정적 감정을 품은 유전 정보는 대대로 전승된다. 이처럼 긍정적 감정은 개체 생존에 큰 의의를 가지는 것으로 '정글에서 유래한 야생의 마음'이라고 생각된다.

'공감'은 집단의 협력 필요성에서 생겼다

긍정적 감정은 점점 더 크게 집단 차원의 생존에 기여하게 되었다. 당신이 즐거우면 나도 즐겁다는 '공감'이 진화한 것이다. 이 경향이 태어난 진화적 기원은 다음의 세 가지로 짐작해볼 수 있다. 수렵 채집 시대를 상상하고 생각해보자.

첫 번째 기원은 특정 사람과의 사이에서 일어나는 현상이다. 특정한 사람에게 사랑과 우정을 품고 있는 경우, 당신이 이익을 얻으면 내가 얻은 것과 같다라는 심리적 구도가 성립한다. 이 결과, 당신이 즐거우면 나도 즐겁다라는 마음이 생기게 된다.

두 번째 기원은 모든 사람과의 사이에서 자동적으로 일어나는 동조 현상이다. 우리들은 타인의 행동을 흉내 내는 습성이 있다. 주위의 사람이 즐거워하고 있으면 나도 왠지 즐거워지는 법이다.

원숭이의 뇌를 연구한 결과, 자기가 식사를 할 때 흥분하는 신경 세포의 일부가 남이 식사를 하는 것을 보는 것만으로도 흥분하는 것이 밝혀졌다. 이 신경 세포는 '타자를 자기에게 비추어 이해한다'라는 뜻의 '미러 뉴런'이라고 불린다. *15

미러 뉴런의 기능으로 타인의 행동이 마치 자기의 행동처럼 느껴지게 된다. 그래서 주변 사람들이 즐거우면 자신도 저절로 신이 나는 것 같다. 즉 상대방의 기분이 나에게도 나타난다는 것이다.

세 번째 기원은 집단 내에서 공통된 가치의 추구로 일어나는 현상이다. 집단끼리의 싸움이 있을 경우 누군가가 승리의 환호를 올리면 그것을 듣고 모두 기뻐하는 경우이다. 집단 내의 다른 멤버에게 가치 있는 일이 일어나 즐거워한다면 다음엔 자신에게도 똑같이 일어날 가능성이 커진다. 그래서 나도 즐겁다는 구도가 조성되는 것이다. 가치 있는 것에 의한 즐거움의 전파이다.

승리를 알면 즐거움이 한순간에 전파하지만, 좀 더 천천히 전파하는 예도 많이 있다. 예를 들어 큰 사냥감의 몫이 모두 순서에 의해 배분되는 경우인데, 배당이 주어진 사람부터 차례로 기쁨을 느끼게 된다.

중국의 산악 지대에 티베트 원숭이가 서식하고 있다. 그들은 먹을거리가 부족한 가혹한 생활환경 때문에 수십 마리가 무리를 지어 살고 있다. 무리는 두목을 정점으로 통제되고 자신들의 구역을 확고히 지킨다. 자신의 지역을 잃어버리면 바로 전멸이기 때문에 수컷들은 항상 공격적이다. 침입자가 있으면 공격하고 바로 배척해버린다.[16]

그런 공격적인 티베트 원숭이 수컷들 사이에서 긍정적 감정을 전파시키는 방법이 개발되었다. 서열이 낮은 수컷이 서열이 높은 수컷에게 접근하게 되면 보통 상위 개체는 분노를 표시한다. 이때 서열이 낮은 수컷은 암컷에게서 새끼를 빌려 함께 데리고 간다. 새끼를 앞세우면 서열이 높은 수컷은 위협의 표정이 아니라 온화한 표정이 되어 새끼를 달래게 된다. 이런 식으로 해서 티베트 원숭이는 수컷끼리의 유화적 관계를 구축한다.

티베트 원숭이 수컷은 서열이 낮은 수컷에 대해서는 '분노 감정 모듈'이 발동하고, 새끼에 대해서는 '보호 감정 모듈'이 발동하는 것이다. 즉 영역 특이성(3장)이 있다. 새끼를 잘 이용하면 상대로부터 긍정적 감정을 불러일으키고, 집단의 협조 관계를 구축할 수 있는 것이다. 새끼는 원숭이 무리가 보호해야 할 '공통의 가치'가 되어 있기 때문이다.

하지만, 새끼를 매번 빌리는 것도 만만한 일이 아니다. 침팬지는 조금 더 현명해서 털 고르기(그루밍, grooming)를 이용한다. 침팬지의 털 속에는 벼룩과 이가 많이 있는데, 그것을 누군가 잡아주면 기분이 좋아진다. 우리도 등이 가려울 때 누군가 긁어주면 기분 좋듯이 말이다.

서열이 높은 침팬지 수컷은 서열이 낮은 수컷에게 그루밍을 시킴으로써 계층 관계를 확인한다. 또 충돌이 일어나면 서로 그루밍을 해주며 그것을 진정시키기도 한다. 그 이외에도 사랑과 우정을 확인하는 장면에서도 자주 그루밍을 한다. 그루밍이라는 공통 가치를 통해서 긍정적 감정을 넓히고 협력 집단으로서 무리를 강하게 하는 것이다.

이상과 같이, 몇 가지의 경위에서 공감이 생겨나고 있다고 말할 수 있다. 이렇듯 공감이 발생하면 서로의 작업 분담이 원활하게 이루어져 집단 내 공조가 제대로 발휘된다. 공감 능력을 갖춘 사람이 많은 집단이 적은 집단보다 분명히 살아남는 데 유리했다고 할 수 있다. 이 때문인지 우리 인간의 대다수는 공감을 품는 능력을 갖추고 있다.

웃음은 즐거움을 전파하는 효과가 높다

침팬지가 그루밍에서 긍정적 감정을 전파하고 있다면 인간사회에서는 어떤 방식으로 행해지고 있을까? 인간은 체모가 적고 그마저도 옷을 입고 있어 털 고르는 일은 불가능하다. 머리카락이나 수염을 사용하면 불가능하지는 않겠지만 그러한 풍습은 일반적이지 않다.

인간의 가장 큰 특징은 언어를 사용한다는 것이다. 그래서 대화라는 언어를 중심으로 표정이나 몸짓을 섞어 공감 등의 긍정적 감정을 전파할 수 있다.*17

친구가 '즐거움'이나 '기쁨'을 말하고 있으면, 자신도 자연스럽게 즐거워진다. 또 "뭐가 그렇게 재밌어?"라고 물으면서 같은 즐거움을 공유할 수도 있다. 그러면서 사람에서 사람으로, 긍정적 감정이 전파되는 것이다.

그러면, 승리의 외침처럼 일제히 전파할 수 있는 구조는 있을까? "재미있겠다"라고 아무리 크게 외친들 멀리 있는 사람에게까지 도달하기는 어렵다. 이때 강력한 전파의 도구로서 '웃음'이 등장한다. 웃음은 누가 뭐라 해도 전파 효과가 뛰어나고 높다.

웃음소리를 듣거나 웃는 얼굴을 보게 되면 자신도 자연스럽게 '실쭉' 웃게 된다. 웃음은 '미러 뉴런'을 흥분시키는 것일까? 원숭이들은 사람처럼 웃지 않기 때문에 웃음은 '초원에서 유래한 야생의 마음'에 해당한다고 할 수 있다.

또 웃음은 큰 집단에서도 바로 이용할 수 있는 특성을 가지고 있다. 누군가가 재미있는 이야기를 하거나 우스꽝스러운 몸짓을 하는 것을 보면 모두가 일제히 웃게 된다. 동시에 웃는 것은 대중의 공감을 상당히 높임에 틀림없다.

고대 로마의 큰 유적에는 어디라도 꼭 극장의 흔적이 남아 있다. 연극이라는 공감의 마당이 대집단의 결속력을 높이는 역할을 하고 있던 것이 분명하다. 오늘날에도 텔레비전의 코미디 프로그램의 인기에 공감의 힘이 나타나고 있다.

미국에서는 '유능한 리더에게는 유머가 반드시 필요하다'는 말이 널리 통용되고 있는데, 웃음에 의한 공감을 적절히 이용할 수 있는 능력을 중시한 말이라고 생각한다. 인간관계에는 커뮤니케이션 엇갈림 등으로 부정적 감정이 종종 발생하기도 한다. 그런데 유머는 그것을 웃음으로 전환시켜 모두에게 긍정적 감정을 환기시키는 역할을 한다.

웃음과 유머는 '문명의 마음'에 이용 가치가 높고, 앞으로의 활용 방법도 여러 방면으로 생각해볼 수 있다.

공감 능력은 여성이 높다

본 장에서 논의한 공감 능력은 평균적으로 여성 쪽이 높은 것으로 알려져 있다. 4장에서 말한 것처럼, 수렵 채집 시대에는 남자는 멀리까지 수렵을 나가지만, 여성은 거주지에 남아 수유를 하거나 주변에서 채집 활동을 했다. 여성은 많은 사람들과 교류할 필요성이 높고, 공감 능력이 여성의 생존에 크게 관여한 것이다. 위기에 직면했을 때 여성은 그룹화하는 경향이 높은 것으로도 알려져 있다.

여성의 배우자에 대한 요구에도 공감 능력이 크게 차지하는 것을 알 수 있다. 현대의 부부에서도 아내의 남편에 대한 전형적인 불평은 '이야기를 들어주지 않는다'이다. 또 미혼의 여성이 원하는 배우자의 특징에는 '나에게 웃음을 주는 사람'이 자주 거론된다. 여성의 상당수가 커뮤니케이션을 통한 공감을 얻고자 하는 것이다. [18]

한편 남성은 공감 능력이 낮다(어디까지나 '평균'을 말한다. 높은 사람도 있다). 그래서 여자의 요구는 충족되지 않는 경우가 많은 듯하다.

예전에는 공감 능력이 낮아도 사냥에 능숙한 남자는 자손을 남길 수 있는 가능성이 높았다. 그러나 최근에는 사냥과 관련 있는 능력의 중요성이 떨어지게 되어 공감 능력이 상대적으로 높아진 것이다. 앞으로 인간의 공감 능력은 진화적 선택에 의해서 더욱 더 증강될지도 모르겠다.

현대 사회에서는 여성의 공감 능력을 충분히 활용하지 못하는 측면도 있다. 과거의 수렵 채집 시대의 분업과 마찬가지로 문명사회에서도 여성이 육아 등 가사에 집중하고 남성은 사회적 활동에 종사하는 경향이 있다. 대체로 현대까지도 그렇게 전승되었다.

그런데 사냥에 관련한 능력이 비교적 큰 남성은 경쟁적으로 상하 관계를 형성하려는 성향이 있다. 같은 문명사회에서도 싸움이 많았던 시절이 그래서 더 좋았을지도 모른다. 그러나 이런 남성들이 주도하는 현대 사회에서는 많은 조직이 독선에 빠지는 문제가 있다. 예를 들면, 남성만의 회의에서는 권력자의 의견에 전 멤버가 영합하는 경우가 많다.

문명사회의 조직이 그동안 남성에 의해서 만들어지고, 그러한 폐해가 최근 표면화되고 있다고 할 수 있다. 현재는 기계화로 인한 가정 내 노동의 경감, 사회의 육아 지원 강화, 남성의 의식 개혁 등에 의해서 여성의 사회 진출이 높아지고 있다. 기업의 이사회에는 일정 수의 여성을 포함시키는 운동도 있다.

앞으로도 여성의 사회 진출이 많아질수록 타고난 공감 능력으로 소통을 위한 조직 관리가 늘어갈 것이다. 그러면 현대 조직에서 필요한 지혜를 모은 종합적인 판단과 제휴를 바탕으로 협조적인 사고의 추진체로서 여성의 역할이 기대된다.

그러나 상하 관계가 엄격한 예전의 체제가 남아 있는 조직이 아직 많이 있다. 이러한 '남자가 판치고 있는 조직'에서는 공감적인 여성의 활약을 기대하지 못할 뿐만 아니라 근로 의욕을 잃어버리는 문제가 노출되고 있다. [19]

현대 사회 문제의 일부는, 감정을 어떻게 발휘하는가의 문제라고 말할 수 있다. 사냥 채집 시대의 감정을 발휘하는 방법을 그대로 현대에도 적용해도 좋은가 한 번쯤 되돌아볼 필요가 있다. 사회 제도 측면에서도, 그리고 개인적으로도 노력한다면 현대 사회에 걸맞게 '문명의 마음'이 형성될 수 있을 것이다.

CHAPTER 08

슬픔과 희망

———

한때 애견을 키운 적이 있었다. 당시 일곱 살이었던 애견 포치는 몇 달간 병을 앓은 후 천국으로 떠났다. 포치의 마지막 날, 내가 "포치!" 하고 부르자 "나는 얼마 못 살 것 같아"라고 대답하듯이 "쿠~" 하고 애잔하게 울었다. 나는 그 소리가 "그동안 고마웠어요"라는 말로 들렸다. 우리 집에 강아지 포치가 오고 많은 시간을 함께 즐겁게 보냈는데, 정말 슬픈 기억이다.

'고통'이나 '슬픔'의 감정은 우리가 부정적인 상태에 있는 것을 나타내는 말이다. 이런 감정은 대략 생존에서 중요한 것을 상실했을 때 따르는 느낌이다. 상실의 문제에서 벗어남으로써 이들 감정이 해소된다. 즉 문제 상태에서 벗어나는 행동을 촉구하는 감정이라고 말할 수 있다.

부정적 감정은 상실이나 그 가능성을 개인적으로 경고한다는 측면도 있지만 동시에 사회적 역할도 있다. 집단의 멤버가 부정적인 상태에 있으면 다른 멤버도 의기소침해진다. 협력 집단에서는 슬픔이 공감을 통해 나누어질 수도 있다.

고통과 슬픔은 생존에 필요했다

본 장에서도 먼저 말의 의미 차이를 생각해보자. '고통'과 '슬픔'은 어떤 차이가 있을까? 힘든 노동에 따르는 말은 '고통'이지 '슬픔'은 아니다. '실패로 인한 슬픔'이나 '배신당한 슬픔' 등을 말하는데 그때에는 '고통'이란 말을 사용하지 않는다.

같은 부정적 감정에도 '고통'은 개인의 내부 문제를 나타내는 감정이다. 물론 '누군가에게 시달리다' 등 다른 사람이 얽힌 사용법도 있다. 그러나 기본적으로는 '숨이 가쁘다' 등처럼 개인의 내면이 안 좋은 상태를 나타낸다.

동물은 먹을거리가 줄어드는 등 서식 환경이 악화될 때는 무언가 개선의 노력이 필요하다는 것을 느낀다. 그때 현재의 어려움을 인지시키는 감정이 '고통'이다. 고통의 감정은 빨리 다른 행동을 취해 치명적인 상황에서 벗어나는 역할을 한다. 안 된다는 것을 알고 있으면서도 '발악'하는 것도 그런 행동이다. 모두 꽤 오래전부터 내려온 '정글에서 유래한 감정'이라고 할 수 있다.

그에 반해 '슬픔'은 타인과의 관계가 중심이 되어 있다. 지갑 속에 100엔밖에 없다면 어느 정도 '슬픔'을 느낄지 모르지만, 울적해하는 것이 해결책이 되지는 않는다. '슬픔'의 진화적 역할은 자신이 아닌 외부에 있는데, 예를 들어 괴로운 사람을 보고 비애감이 들어 도와주려는 생각, 이것이 중요한 포인트이다. 애견 포치는 죽고 말았다. 그리고 추억을 떠올리면 슬픔을 느낀다. 그러나 현재의 기분을 골똘히 생각하면 이는 상실감과 공허감에 가까운 기분이다.

또 '슬픔'은 타인과 관계가 좋지 못한 상태임을 나타낸다. '배신당한 슬픔'의 경우에는 '배신당했기 때문에 화가 난다'라는 분노 감정이 폭발하는 경우이다. 그러나 분노는 다툼을 부른다. 상대에 죄책감이 있는 상태라면 다른 방법으로 찾아 해결하는 것이 무난한 대처이다. 이것이 '슬픔'에 대한 외적인 표현일 것이다.

협력 집단 내의 배반에 대처하는 구조로는 감정을 동반한 캐치볼이 있다. 배신한 사람과 주변 사람과의 사이에선 '배신→감정 표시→보답→용서' 같은 절차가 이뤄지면서 배신한 사람을 다시 집단의 멤버로 일할 수 있도록 배려한다. 수렵 채집 시대의 인구는 한정되어 있었으므로, 배신했다고 집단에서 완전히 배척하는 것은 좋은 방법이 아니었기 때문이다.

이러한 배신에 대처하는 캐치볼 놀이와 같은 '감정 표현' 방식으로 진화했는데, 이는 '슬픔'이라는 감정의 기능 중 하나이다. 상대의 공감 능력이 높을 경우 슬픔은 특히 효과를 발휘한다. 분노를 표출하면 상대도 공감하고 분노하고 싸움이 될 가능성이 높아진다. 그러나 슬픔을 표명하고 이에 상대방이 공감한다면 부정적 감정에 대한 죄책감이 불러일으켜지기 쉬워지는 것이다.

이처럼 '슬픔'은 '고통'보다 훨씬 사회적인 감정이다. 수렵 채집 시대의 협력 집단에서 태어났다고 추측 가능하므로 '초원에서 유래한 감정'이다.

배우자 관계에서 배신이 일어났을 때에, 남성은 화를 내지만 여성은 슬픔을 표현하는 경향이 있다. 여성의 공감 능력이 높기 때문이다. 이 경우의 슬픔은 '질투 표명으로서의 슬픔'이다.

그러면, '실패해서 슬프다'는 어떤 사람과 관계가 있을까? 이 배후 중 하나는 '노력이 이루어지지 않는 슬픔' 즉 불공평감에 있다고 생각된다. 5장에서 논의한 것처럼 분함이나 후회의 마음은 집단의 이익 배분을 시정하는 효과가 있다. 따라서 '분함에 따른 슬픔'을 표명함으로써 수렵 채집 시대에는 주위의 동정을 자아낸 것 아니냐고 상상할 수 있다.

또 하나는 캐치볼 형태의 촉진이 있다. 6장의 논의를 예로 들면 '자기 과시→인정→기여→칭찬→성취감'에서 '자기 과시한 것이 인정받지 못하다'일 경우나, '기여한 것에 칭찬을 받을 수 없었다'라고 할 때, 슬픈 감정이 발생하게 된다. 이러한 경우의 슬픔은 주위의 인식을 촉진하는 효과가 있다.

분노나 슬픔 같은 감정을 표현하지 않고, 그것을 대신하는 방법도 있다. 타인을 부당하게 욕하는 '뒷담화'가 그 예이다. 뒷담화는 야생의 마음이 아니라 '문명 고유'의 마음의 구조에 해당하는 것으로 생각되는데, 부정적인 측면이 발달한 좋지 못한 방법이다. '야생의 마음'을 근거로 직설적으로 감정을 표현하는 것이 더 좋을 듯하다.

'동정'이냐 '돈'이냐는 문제의 이면에는
야생과 문명의 대립이 있다

'동정'이라는 단어는 글자 그대로는 '감정이 같아지는 것'을 의미하는데 '공감'과 거의 같은 뜻이다. 하지만 일반적으로 부정적인 감정에 주로 사용된다. 예를 들어 '슬퍼하는 이를 보면 동정심이 생긴다'라는 식이다.

왜 '동정'을 긍정적인 감정에 쓸 수 없을까? 그것은 이익의 배분을 시도할 경우는 부정적 감정일 때만 공감이 되기 때문이다. 슬퍼하고 있는 사람에게 연민을 느끼고 도움을 줄 때는 둘 다

부정적 감정이 되어 동정이 성립하는 것이다. 반대로 '기쁜 표정의 사람에게는 질투를 느끼며' 이익 배분이 이루어진다. 질투하는 사람은 부정적 감정이지만 기뻐하는 사람은 긍정적 정서로서 공감을 느낄 수 없기 때문이다.

질투에는 문제가 있다. 질투가 일반화되면 타인의 질투를 피하기 위해 기쁨을 표현하지 않는 행동 경향이 발생한다. 현대 사회에서는 이러한 경향이 살짝 보인다. 특히 화를 존중하는 사회는 이러한 경향이 강하게 나타난다.

"슬픈 일이 있을 때 도와주는 친구보다 기쁠 때 자신의 일처럼 즐거워해주는 친구가 진짜 친구다"라는 말이 있다. 질투를 넘어서 공감할 수 있는 우정이 진정한 우정이라는 뜻이다. 이상과 현실 사이에는 아직 큰 차이가 있다.

"동정한다면 돈을 줘라!"라는 유명한 드라마 명대사가 있다.

이 대사는 야생의 감정이 문명사회의 현실과 괴리감이 있다는 것을 단적으로 나타낸다.

수렵 채집 시대 집단에서 동정하는 관계는 그 자체로 서로 돕는 관계라고 말해도 좋다. 그 당시에는 상대에게 동정을 갖게 되면 바로 도움과 연결되었다.

그러나 문명사회에서는 집단의 규모가 커지면서 동정심이 생겨도 좀처럼 도움을 주지 않는다. 동정을 느낀 사람들이 도움을 주려 해도 대상자가 너무 많아져서 무리하며 지원해줄 수 없게 돼버린 것이다. 그 결과 동정 받고도 도움을 기대할 수 없게 되었다. 이것이 첫 번째 어긋남이다.

동정하는 마음은 '야생의 마음'이고, 동정하여 '돈'을 주는 것을 문명 고유의 구조이므로 소집단의 감정적인 관계를 망가뜨릴 수 있다. '돈'을 주면 동정의 빚이 청산되는 느낌도 든다. 앞으로는 돕지 않아도 된다라는 마음도 생긴다. 또한 '돈'을 받은 사람의 입장에서는 도움을 받고는 싶지만 뭔가 진정성을 느끼지 못하는 경우도 있다. 이것이 두 번째 어긋남이다.

이 어긋남을 통하여 문명사회에 있어서 문제의 일단을 볼 수 있다. 진화 심리학적 분석의 강점이 나타나는 예라고 말할 수 있다.

통증은 감정에 가깝다

슬플 때, '마음이 아프다'라는 표현을 쓴다.

'아프다'라는 단어는 보통 감각적인 의미로 사용되는 용어이다. '다리가 아프다'나 '속이 쓰라리다' 등 신체의 일부가 아픈 감각, 즉 촉각의 일부로 생각된다. 그러나 여기서는 감각과 정서가 서로 인접하고 있으며, 특히 통증은 감정에 꽤 가깝다는 것에 대해 논의해보기로 하자.

감각이란, 오감이라고 불리는 시각, 청각, 후각, 미각, 촉각으로 대표되듯이 외적 세계의 정보를 받은 직접적인 느낌이다. 그 외에도 중력 감각, 평형감각, 방향 감각, 시간 감각, 신체의 존재감 등이 있다.

통상은 외적 세계로부터의 자극이 감각 기관에 들어와, 그 신호가 뇌에 전달되는 느낌으로 설명된다. 그런데 감각 내용이 의식에 이르는 사이에 자동적인 처리나 무의식적인 인지 판단이 더해지게 되어 일은 복잡하게 변한다.

특히 통증의 경우 그 의식의 전 단계에서 인지, 감정의 영향이 매우 크게 나타난다. 감각 기관이 없는 신체 부분에 통증을 느끼는 사례가 있다. 사고로 중상을 입고 팔을 절단한 환자의 상당수가 그 절단한 팔이 실제로 있는 것처럼 느끼는 것이다. 실제 신체가 있을 때처럼 가려움이나 통증을 느끼는데, 이것을 '환지통(幻脂痛)'이라고 부른다. [20]

인지과학자로서 환지통 연구의 대가인 라마찬드란(Ramachan-dran, 인도의 뇌과학자)은 환지통에 대한 흥미로운 연구를 다수 보고하고 있다. 그중에 환지의 팔에 대한 인식이 '통증'을 발생시켰다는 예가 있다. 환지의 팔은 통상 어느 정도 의도대로 움직인다고 한다. 눈앞의 커피잔 손잡이 부분을 환지의 집게손가락을 통해서 올리는 것이다. 물론 컵은 그대로 있지만.

또한, 환지 환자가 가상의 손가락으로 컵을 가져가려 할 때 실험자가 그 컵을 반대로 움직이면 환자의 환지 손가락은 심한 통증을 느낀다고 한다.

이 실험에서 감각 기관에 자극은 오지 않는다. 다만, 아플 것 같다는 상황 인지에서 통증을 느끼고 있는 것이다. 즉 통증을 느낄 것 같은 상황에서 감정의 판단으로 좌우되는 것이다. 통증을 컨트롤하지 못한다는 불안감이 있다면 통증이 더 커질 것이고, 긍정적 감정을 갖고 있다면 통증이 누그러질 것이라고 알려지고 있다.

진화론의 환경 적응의 관점에서 생각하면 통증은 신체에 위해가 가해졌다는 인식을 마음속에서 생생히 느끼게 하는 기능을 가진다고 말할 수 있다. 그런 의미에서 공포 감정과 비슷하다. 그러나 공포감은 흥분을 일으키고 활동적으로 만드는 반면 통증은 신체 운동을 중지시킨다. 상처의 회복에 신체의 에너지를 집중시킬 필요가 있기 때문이다.

운동선수들은 스포츠 경기 중에는 발을 살짝 삐어도 통증을 느끼지 못하고 있다가 경기가 끝나면 통증을 느낀다는 이야기를 자주 한다. 통증은 신체 운동을 중지시키는 역할을 하고 있었으므로, 위중한 상태가 되기 전까지는 통증을 느끼지 못하게 진화한 것이다.

희망은 인간에게만 있는 특이한 감정이다

인간은 슬픔 등의 부정적 감정에 빠진 경우에 희망을 가짐으로써 그 감정을 해소한다. 지금은 아무도 알아주지 않아도 인정하는 누군가가 있고 언젠가는 반드시 햇빛을 볼 거라는 기대이다. 희망이 있어 부정적 감정도 서서히 긍정적 감정으로 바꾸려는 감정의 변화가 일어난다.

침팬지는 인간과 달리 '현재'의 세계에서만 살고 있다. 과거를 생각하며 후회하거나 미래를 상상해 희망을 갖지 못한다. 또한 부정적인 감정을 갖고 있어도 그것으로 미래를 바꿀 생각을 못하기에 그러한 생각은 점점 강하게 된다. 아무리 아파도 건강한 상태와 비교할 수 없기 때문에 절망하지 않고 그냥 보통 살던 대로 살아가는 것이다.[21]

인간은 미래의 상태를 뚜렷이 상상할 능력을 갖고 있다. 때론, 가공의 세계를 그리고, 그 이야기 속에서 살아가는 것조차 가능하다. 미래에 대한 상상으로 부푼 희망이 생긴다. 이에 어려움에

도전할 수 있는 힘을 얻게 된다. 이러한 인간 특유의 '희망'은 '초원에서 유래한 원시의 마음'이다.

'희망'은 '문명의 마음'에서도 중요한 역할을 하고 있다. 문명사회에서는 종교적 세계관에서 희망을 볼 수 있고 평화를 구축할 수 있다. 동시에 정치에도 이용되고 번영을 도모한 가공의 희망으로 전쟁에 내몰리기도 한다. 여기에는 '믿음'이 깊이 관련되어 있다. 바로 다음 장에서 이에 관해 논의해보자.

CHAPTER 09

믿음과 의심

선생님 : 너라면, 벌써 뜀틀 5단까지는 충분할 거야…… 괜찮아! 자신을 믿어!

학생 : 뛰어! 괜찮아, 가능해, 믿는다, 에이, 야~…… 아, 소용없다, 넘을 수 없어!

선생님 : 조금만 더! 믿음의 힘이 부족한 거야!

학생 : 선생님이 거짓말하는 거야!

우리는 무언가를 믿고 싶어 한다. 믿지 않으면 판단할 수가 없다. 그러기 때문에 망설임이 생겼을 땐 믿음에 대한 강한 욕구가 발생한다. 뭔가를 믿음으로써 망설임을 해결하고자 한다.

믿음이라는 것이 감정에 관계되어 있다고 바로 느낄 수는 없지만 욕구를 경유해서 보면 그곳에 감정이 숨어 있음을 알 수 있다.

그리고, 믿을 수 있는 것이 부족하여 미혹이 생기는 감정 상태는 뭐라 정확히 명명할 수 없는 상태인데 가장 가까운 상태로 표현한다면 '불안감' 또는 '불신'이라고 부를 수 있을 것 같다.

이 감정은 막연해서 다른 감정처럼 생생하게는 느낄 수 없다. 수렵 채집 시대에는 망설임이 생길 정도로 정보가 많지 않아서

이 감정은 충분하게 진화하지 않았다. 문명이 발생하면서 문제가 커지기 시작했고, 정보 과다의 현대 사회로 오면서 특히 중요한 감정이 되었다.

믿음은 집단의 협력을 강화하는 기능이 있다

우리 이성의 많은 부분은 사고로 구성되어 있다. 사고란 기존의 지식에서 추론의 순서를 바탕으로 다른 지식을 이끌어내는 것이다. 이미 알고 있는 지식을 전제로 새로운 '쓸 수 있는 지식'이 탄생하면 생활이 윤택해진다. '문명의 마음'에서는 특히 중요한 마음의 움직임이 되고 있다.

그러나 전제로 하고 있는 지식이 틀린 것이라면 어떨까? 사고는 전혀 쓸모없어진다. 신문이나 텔레비전 보도도 때때로 틀리기도 한다. 어떤 때는 의도적으로 편파 보도가 이루어진다. 그러면 '무엇을 믿어야 좋을까?'

현대 사회에서는 많은 정보를 얻을 수 있다. 복수의 정보원으로부터 나오는 것을 비교하고 이미 아는 지식이 틀릴 가능성도 포함하여 추론한 다음 '쓸 수 있는 지식'을 만들어내는 것이 적절한 태도이다. 그러나 우리는 이 전제가 되는 지식이 틀린 경우를 추론하는 데 매우 서투르다. 생물 진화의 뒷받침이 없었으므로 이에 관계된 모듈이 갖추어지지 않은 것이 아닌가 하고 생각된다.

왜 그런지 배경을 찾기 위해서는 수렵 채집 시대를 상상해볼 수 있다. 그 무렵은 한 100명 정도가 집단생활을 하고 있었으며 멤버 대부분은 혈연관계에 있는 친척이었다. 모두 협력하며 일하고 서로 돕는 관계였다. 때로는 무임승차와 배신자도 나타났는데, 배제와 갱생 등의 적절한 대처가 이루어지고 있었다. 그 결과 집단 내에는 '협력적이고 신뢰할 수 있는 사람들뿐'이라는 이상적 상황이 쌓였다.

이러한 집단에서는 멤버 전원이 지식을 공유하는 것이 극히 쉽다. 가령 마을의 장로가 "산 너머에는 귀신이 살고 있어서 가면 안 된다"라고 말하면 모두가 그것을 믿고 산 너머로 가지 않았다. 사실은 산 너머는 다른 부족의 영역이었을 뿐일지도 모르지만, 장로가 말한 지식은 거짓말이어도 '쓸 수 있는 지식'이었다.

또 집단의 협력을 높이려면 지식의 공유가 필요했다. 사냥을 가는데, 개인별로 전제 지식이 각각 달라서는 팀워크가 불가능했기 때문이다. 즉 협력 집단에서 듣고 알게 된 지식을 그대로 믿고 행동에 옮기는 편이 유리했던 것이다.

이러한 수렵 채집 시대의 것들이 마음의 구조에서 진화하면서 대체로 우리에게는 '사람 말을 잘 믿는 경향'으로 습득되었다. 그리고 집단 내의 공유 지식을 믿는 것으로 망설임이 해소되고 믿음에 대한 욕구는 충족되었다.

물론 그 공유 지식이 잘못되어 다같이 잘못을 믿었던 경우도 있었을 것이다. "가뭄이 계속되면, 귀중한 음식을 불태워 신에게 바치고 기원한다" 같은 말이 있는데, 이런 미신을 믿은 집단은 멸종하기도 했다. 그러나 어느 정도 적당한 미신은 아직도 이어지고 있다.

4장에서는 수렵 채집 시대는 식량이 부족하여 식욕이 충족되기 어려웠다고 설명했지만 정보가 부족했던 시기에는 믿음에 대한 욕구는 만족시킬 수 있었다. 반면 현대 사회에서는 정보가 늘어남에 따라 개인이 다양한 모순된 정보에 휘둘리게 되었다. 그 결과, 들은 정보를 그대로 믿을 수 없게 되어 믿음은 충족되기 어려워진 것이다.

자신을 믿지 못하는 사람은 쉽게 신비주의에 빠진다

현대 사회는 주위에 모순된 정보의 홍수 속에서 무엇을 믿어야 하는가 하는 문제가 발생하고 있다. 그에 따른 하나의 대처는 스스로를 믿는 것이다. 자신의 감정의 움직임과 판단을 긍정하면 믿음에 대한 욕구가 충족될 것이다.

그러나 자신의 판단이 늘 정확하다고는 할 수 없다. 세상에는 이유 없이 우연히 일어나는 일도 많다. 이런 것으로 인한 불안에서 벗어나는 손쉬운 방법이 있다. 운세, 영혼, 주술, UFO 등의 초이상적인 존재나 현상을 신봉하는 것이다. 이런 것을 신봉하는 사람은 대체로 자존감이 낮고 의기소침하기 쉬우며, 자주 불안해한다는 특징이 있다.

고교생을 대상으로 한 마츠이 유타카(松井豊)의 조사에 따르면 흥미로운 남녀 차이가 나타난다. 초이상 현상에 심취한 남학생은 종교에 관심이 많고 과학에는 한계를 느끼는 경향이 있다. 표면적으로는 학교에 잘 적응하고 있는 듯하지만 내면에는 불만이나 문제를 안고 있을 가능성이 높다. 표면적으로는 '좋은 아이'일지 모르나 내면은 선생님의 말을 믿지 않고 몰래 초이상적인 것에 더 믿음을 가지고 있다. [22]

수렵 채집 시대의 분담 작업에서 남성의 시스템화 능력이 평균적으로 여성보다 높다고 앞에서 설명했는데 그 관점에서 보면 보다 더 잘 이해할 수 있다. 세계의 배후에는 장대한 초이상적 시스템이 있는데 그것이 일상을 지탱하고 있다고 믿는 학생에는 남학생의 비율이 높다.

언젠가 사이비 종교 집단에 의한 테러 사건이 발생하여 유명

대학에 다니는 과학자나 기술자가 다수 체포되는 사건이 있었다 (그들은 대부분 남성이었다). 왜 우수한 과학자가 이러한 비과학인 것에 물들었는지 의문이 제기됐지만 위의 조사 결과가 그 의문에 답하고 있다.

한편 여학생의 경우 종교에 대한 관심과 과학에 한계를 느끼는 경향은 남학생만큼 강하지 않다. 여학생들은 남학생과 달리 친구들과 떨어지거나 동료 집단에서 벗어나지 않으려는 경향이 있다.

이는 여성이 공감 능력이 높기 때문이다. 여성은 친구들과 무리를 지으며 서로 정보를 주고받는 편을 더 선호한다. 수렵 채집 시대의 믿음의 스타일이 고스란히 현대까지도 내려오고 있는 것이다.

원시 소규모 무리들은 서로 신뢰하는 집단이었다

본 장 첫머리에서, '믿음이 부족하여, 미혹이 생기는 감정 상태'

를 정확히 표현하기 힘들다고 말했었다. 이러한 감정을 일단 편의적으로 '부정감(不定感)'이라고 해두자. '미혹이 생기고 생각이 정해지지 않은 괴로운 감정 상태'라고 볼 수 있어 '부정감'도 잘못된 표현은 아니라고 생각된다.

'부정감'은 '불안감'과 '불신'에 가까운 것 같다. 공포가 지속될 때를 '불안', 위험한 예감에 따른 것을 '불안감'이라 한다. 그것에 비해 '부정감'은 '행동이나 태도를 결정하지 못하는 상태'라고 할 수 있다.

또 '불신'이라 하면 '누군가 혹은 무엇인가가 신용할 수 없다'라는 느낌이지만 '부정감'은 '정보가 어지럽고 믿을 수 없다'라는 불신감에 대체로 가깝다. 불신감으로 이 양자의 차이는 조금 이해하기 어렵다고 생각한다.

전에 설명했듯이 수렵 채집 당시 소규모 무리들은 멤버가 모두 신뢰할 수 있는 사람들이었다. 사람들의 행동은 집단의 원칙을 따랐고 사람들의 발언도 신용할 수 있는 이상적인 상태였다. 당연히 부정감 따위는 없었을 것이다.

하지만, 아무리 이상적인 집단에서도 때로 배신자가 발생한다.

그때 집단의 사람들은 배신의 말보다는 배신한 사람에 불신감을 품는 것이다.

언동에 불신감을 품기보다는 사람에게 불신감을 품는 것이 효율이 좋았다는 뜻이다. 마음의 기능이 진화한 것이다.

인간은 배신한 사람을 '배신자'로 규탄하여 배제하고 배신자의 언동을 처음부터(내용을 음미하지 않고) 불신하는 경향이 강하다. "죄는 미워하되 사람은 미워하지 말라"고 하지만 인간이 '사람을 미워하기' 시작한 것이다.

수렵 채집 시대에는 이렇게 멤버가 관리된 이상적인 소집단에서 같은 집단의 멤버에게 믿음을 두고 있었다. 협력 집단의 멤버의 생각은 대동소이했다. 그래서 누구의 발언도 별로 의심할 필요가 없었으며, 결과적으로 집단 내에서 들은 정보를 각 멤버는 곧 믿게 된다. 집단 내의 정보는 획일적이고 의심이 생기는 부정감은 아닌 바로 안심이 되는 집단이었던 것이다.

무엇을 믿어야 할지 모르는 현대 사회

문명이 시작된 이후 집단은 커지고 집단 내의 정보는 복잡하고 다양해졌다. 들려오는 정보가 서로 모순되는 상황이 된 것이다. 망설임이 생기는 부정감의 시대의 등장이다. 이제 무엇을 믿어야 좋을지 모르는 상황이 종종 발생하게 되었다.

거대해진 집단의 멤버는 당황스러운 속에서 정보를 줄이는 방법을 생각하기 시작했다. 사람에 대한 믿음을 사용하여 정보를 정리한 것이다. 그렇게 해서 지위가 높은 사람들과 신뢰할 수 있는 사람들이 흘리는 정보를 보다 확실한 정보로서 우선시하는 경향이 나타났다.

마을 정도 규모의 집단에서는 장로나 무당을 따르게 되고, 더 큰 규모의 집단은 왕이나 황제, 사제, 승려 등이 정보의 원천으로서 집단을 아우르게 되었다.

법률이나 경제 같은 매우 현대적인 제도도 그 파생물로 볼 수 있다. 법률의 기원은 종교적 경전에 있다고 할 수 있다. 경제의 근본을 이루는 화폐는 '상징적인 사람'으로 인정되는 인물상으로 인쇄되어 있다. 사람을 신뢰하듯이 화폐 가치를 신뢰하라는 뜻일지도 모르겠다.

그러나 현대의 정보 사회에서는 그 상황이 무너지고 있다. 늘어난 정보만큼 그것을 줄이는 방법이 따라가지 못하고 있는 실정이다. 자유주의가 진전되면서 권위적이고 상징적인 것들도 힘을 잃고 있다. 반면 인터넷 등 새로운 미디어를 중심으로 오히려 정보는 갈수록 늘어나고 있다. 부정감이 극대화되는 시대에 돌입한 것이다.

비판적 사고는 현대에 등장한 '문명의 마음'이다

현대를 사는 우리의 기본적인 마음의 움직임은 수렵 채집 시대에서 크게 변화된 것이 없다. 그 당시에는 귀로 들은 정보를 그대로 믿은 듯하다. 그러니 사람들이 소문에 쉽게 휩쓸리는 것은 수렵 채집 시대의 흔적이라 말할 수 있다. 부정감을 해소하려고 초이상적인 것을 신봉한다는 주장도 일견 납득할 만도 하다.

그런데 진화론의 관점에서 보면 현대 사회의 중대한 문제가 보인다.

협력 집단을 형성하기 위해서는 집단의 지식을 회원들 모두가 신뢰할 필요가 있었다. '믿는 사람은 살아남는다'라는 부분이다. 그것을 의심하는 것은 집단의 결속을 약화시키기 때문에 의심하는 마음은 진화하기 힘들었다. 믿는 사람들의 모임은 비록 집단의 공유 지식이 틀렸다 하더라도 정정하지 않았다.

또 믿는 사람들의 모임에서는 집단을 다스리는 권력이 정보 조작에 의해서 성립한다. '필요 없는 것은 별로 생각하지 않는 편이 좋다'라는 풍조가 지배하게 되는 것이다. 그러나 아무리 집단 내에서 편향된 지식으로 똘똘 뭉치더라도 집단의 수가 많아지면 (편향된 지식으로 인한) 문제는 작아지게 된다. 각각의 집단이 특유의 성질로 뭉쳐 있다고 해도 다수 집단의 등장은 생각의 다양성을 확보하여 인류 전체가 유지될 수 있었다.

즉 생물 진화와 같은 원리가 생각의 차원에서 발생한 것이다. 생물은 서로 번영을 찾아 경쟁하면서 환경의 적응에 적합한 유전 정보가 살아남는 역사를 겪었다. 그것과 마찬가지로 더 어울리는 생각을 가진 집단이 집단 간 경쟁에서 살아남는다는 역사를 답습해오고 있다. 주술에 의한 치료 방법을 가진 집단보다 위생 관념에서 균을 소독하는 지식을 가진 집단이 살아남은 것이다.

그러나 현대에서는 집단 간 경쟁이 적어졌다. 인류 전체가 하나의 제도 하에 제휴하는 글로벌 사회가 다가온 것이다. 대집단 속에서 인류 전체가 함께 살게 되었다. 그중에서 집단을 묶는 힘을 예전과 똑같이 그대로 방관하게 되면 집단 전체가 독선에 빠져 환경 변화에 대응할 수 없게 된다.

즉 장래의 변화에 대비한 다양한 생각과 서로 모순된 지식을 집단 속에 유지해두지 않으면 안 된다. 최근에는 보다 많은 유전자 정보를 보호해야 한다는 생물 다양성이 강조되고 있는데, 그와 마찬가지로 지식의 다양성이 필요한 것이다.

지식이 다양한 사회에 사는 개인은 어떤 상태로 되는가? 서로 모순된 정보에 노출되는 것은 일반적인 일이다. 부정감을 참아야 할 필요가 있다. 모순된 정보 중에서 자신의 위치를 정하지 않으면 안 된다.

그리고 일단 결정한 것이라도 그 후의 정보에 따라서 변경하는 유연성도 요구된다. 믿고 있는 것도 가끔은 의심하고 체크해야만 한다. 믿고 있음을 의심하는 것은 심리적인 장벽이 높아지는 작업이다.

이런 태도를 회의심이나 비판적 사고(critical thinking)라고 부른다. 이러한 것들은 진화 과정에서 갖추지 못한 것들로서 교육에서 흡수해야만 가능하다. 이런 태도는 읽고 쓰고 연산하는 것들과 함께 현대의 정보 사회에서 특히 중요한 기능이 되었다.

'의심하지 말고 자신을 믿어라'라는 말은 개인적으로는 좋은 느낌을 줄지 모르지만, 회의하는 마음의 가치를 평가절하하는 말이다. 게다가 그런 사람들이 늘어나게 되면, 집단은 사고의 탄력성을 잃고 일련의 문제에 대해 대처하기 힘들 수도 있다.

따라서, 현대 사회에 기여하는 구호는 '우선 의심을 갖고, 섣불리 믿지 말고 제대로 살펴보자' 정도가 적절할 것이다. 현대인의 큰 고민의 근원이 이러한 구호에 명료하게 표현되고 있다.

CHAPTER 10

놀라움과 호기심

거리에서 백화점 앞을 지나다 그곳에서 나오는 사람들과 엉키어 함께 부딪치며 걸은 적이 있었다. 그러다 얼굴이 맞닿을 정도로 가까워지면서 깜짝 놀랐는데, 상대도 마찬가지로 놀라서 눈이 동그래져서 나를 쳐다보았다. 그런데 얼마나 기뻤는지…… 그는 아스카였다. 거의 3년 만의 만남이었다. 우리 둘은 너무 기뻐 한참 동안 그 자리에서 얘기를 주고받았다.

'놀라움'이라는 감정은 예상과 다른 사태에 마주했을 때 나타나는 흥분된 감정이다. 그 일로 부정적 감정이나 긍정적 감정을 가지게 된다. 뜻밖의 위험한 상태가 되면 두려움, 누군가의 죽음을 알게 되면 슬픔, 좋은 일을 맞게 되면 기쁨과 웃음으로 전환된다.

인간은 가까운 미래를 예측하며 살고 있다. 환경에 변화가 많으면 그 예측이 빗나가기 쉬우므로, 날마다 놀라움의 연속이라 할 수 있다. 그런 의미에서 '놀라움'은 새로운 환경에 순응한다는 준비의 감정이기도 하다. 또 타인의 놀라움을 알 수 있다면 그것으로 타인의 내면을 짐작할 수 있다는 의미이다. '놀라움'은 사회적 정서이기도 하다.

10
놀라움과 호기심

'놀라움'이 타고난 감정임을 보여주는 실험

아직 한 살도 안 된 아기에게서도 '놀라움'을 사용하면 상당히 고도의 사고를 동반한다는 것을 알 수 있었다. 다음 같은 실험을 했을 때 아기는 어떤 사고를 하고 있는지 살펴보자.[23]

아기를 테이블 의자에 앉히고, 집짓기 놀이를 해보자. 거기에

봉제 인형을 가지고 실험자가 참가한다. 그러면 아기는 그 인형에 관심을 갖고 가만히 바라보거나 보고 웃으며 관심을 표현한다. 실험자가 테이블에 설치된 칸막이 뒤로 인형을 감추었다. 인형이 사라지자 아기는 또 집짓기 놀이에 집중한다.

이 실험에서의 아기는 사라진 봉제 인형에 대해 무관심한 태도를 보였다. 과거에는 지능이 충분히 발달하지 않은 단계의 아기는 '보이지 않는 것은 세계에 존재하지 않는 것이다'라고 생각했다. 그런데 지금의 아이는 '칸막이 뒤로 인형을 숨겼다'고 확실히 인식하고 있다고 한다. 이는 다음의 실험에서 알 수 있었다.

앞의 실험에 이어 이번에는 칸막이를 제거한다. 그러면 인형이 또 나타난다. 아기는 다시 인형에 흥미를 보인다. '인형이 이 세계에 나타났네!'라든지 '칸막이 너머에 숨어 있던 인형이 나타났구나!'라고 여기는 것이다. 그러나 아기가 어떤 생각을 하는지 아직은 알 수가 없다.

거기에서 다시 인형을 칸막이 너머에 감추고 속임수를 쓴다. 몰래 인형을 칸막이 뒤편에서 테이블 아래로 이동한 후 칸막이를 제거해본다. 그러자 아기는 이상한 표정으로 칸막이 뒤 아무것도 없는 공간을 빤히 쳐다보는 것이다.

다시 아기는 집짓기 놀이로 되돌아가기는 하지만, 그 순간 아기는 '인형이 칸막이 저편에 숨어 있어'라고 생각했다가 칸막이가 제거된 후 그렇지 않은 걸 알고 놀란 것이다.

또 다른 속임수를 쓴 실험도 해보자. 칸막이 뒤편에서 나타났던 인형을 아기에게 보여주며 테이블 위 상자에 넣는다. 그리고 사전에 준비한 똑같은 또 하나의 인형을 탁자 밑에서 조심스럽게 칸막이 뒤로 옮긴다. 아기가 집짓기 놀이를 하는 곳에서 전과 마찬가지로 칸막이를 제거한다. 그러자 아기는 이상야릇한 표정으로 칸막이 뒤에서 나타난 인형을 바라본다.

즉 아기에게는 물리적인 '보존 개념'이 있다. 봉제 인형은 상자에 들어 있으므로, 칸막이 뒤에는 이제 없다고 생각해 이상하게 여긴 것이다.

이 밖에도 물건이 위에서 아래로 떨어지는 것에는 놀라지 않는데, 아래에서 위로 떠오르면 놀라는 등 아기가 물리 법칙에 대해 기본적인 지능이 있음을 알 수 있다. 진화 심리학에서는 물리 법칙에 대한 기본 인식은 유전 정보에 의해서 본능적으로 길러지고 있는 것이 아닌가 여기고 있다.

이처럼 아기의 사고력은 놀라움과 동반한 주시 시간(빤히 쳐다보는 시간)으로 알 수 있었다.

또 하나의 아기를 통한 실험을 소개한다. 타인의 행위에 관한 기본 인식을 판명하는 실험이다. 이 실험에서는 아기에게 같은 영상을 반복해서 보여준다. 아기는 호기심 덩어리이기 때문에, 같은 영상을 보여주면 바로 싫증을 내고 산만해진다.[*24]

예를 들어 오른쪽 선반에 인형, 왼쪽 책상에는 볼이 놓인 화면을 보여준다. 그리고 화면 밖에서 나타난 팔이 '왼쪽 책상에 있는 볼'을 가져가버리는 영상을 되풀이하여 상영한다. 아기가 이 영상에 질리면, 다음의 두 영상을 동시에 보여준다.

하나는 물건이 놓인 장소가 바뀐 것으로 오른쪽 선반에 공, 왼쪽 책상에 인형을 놓아둔 것이다. 다른 한편에서는 화면 밖에서 나타난 전과 같은 팔이 '왼쪽 책상에 있는 인형'을 가져가는 영상을 보여주고 또 다른 영상으로는 '오른쪽 선반에 있는 공'을 가져가는 모습을 보여준다. 이를 본 아기는 '왼쪽의 책상에 있는 인형'을 가지고 가는 영상을 가만히 주시하게 된다.

즉 아기는 최초 되풀이하며 보여준 영상에 등장하는 팔의 주인은 '공'을 좋아하고 있다고 인식하는 것이다. 그래서 팔이 '인형'을 가져간 것에 놀라움을 표현한 것이다. '왼쪽의 책상에 있는 것'을 좋아하리라고는 전혀 생각하지 못했던 것이다. 인간의 취향은 '장소'보다 '물품'에 우선한다는 기본 인식이 태어나면서부터 갖춰져 있음을 알 수 있다.

아기와 마찬가지로 침팬지에게서도 '놀라움'이라는 감정을 찾을 수 있다. '놀라움'은 원시적 감정의 하나로 '정글에서 유래'했다고 생각된다.

놀라움은 웃음으로 전환되기 쉽다

웃음에는 흥분 상태를 긍정적인 분위기에서 처리하는 기능이 있다. 이미 7장에서 논의한 것처럼, 커뮤니케이션의 어긋남으로 분노가 표명되거나 어색한 분위기가 되었을 때 유머로 웃어넘기는 것은 하나의 테크닉이다. 놀라움 또한 웃음으로 전환하기 쉬운 경향이 있다. 이는 소통을 좋게 하기 위한 '마음의 모듈' 중 하나이다.

소통의 장에서의 놀라움은 종종 소통의 중단을 의미하기도 한다. 자기가 예상한 응답과 전혀 다른 대답을 들었을 경우이다. 이럴 때 일시적으로 중단되기도 하지만 완전히 멈추지는 않는다. 거기에서 웃음은 대화의 장을 다시 리셋시키는 역할을 한다. 커뮤니케이션을 긍정적인 분위기로 리드하는 고도의 기능이라고 말할 수 있다.

어려운 퀴즈에 도전해서 "아, 알겠어"라고 할 때에 우리는 마음이 즐거워진다. 그만 '빙긋이' 웃고 마는 경우도 있다. 풀리지 않아 초조감이 커지면 커질수록 정답의 기쁨도 비례한다.

웃음으로 스트레스가 해소된다는 이야기는 많이 들어왔다. 답답한 사고의 상태가 일소에 해결될 때, 우리는 놀라움과 웃음을 함께 경험할 수 있다. 놀라움이 웃음으로 전환되는 순간 쾌감마저 느낀다.

마음의 움직임은 커뮤니케이션의 필요성에 따라 진화해왔다. 이는 수렵 채집 시대의 협력 집단에서 키워진 감정이다.

호기심을 양성하는 놀이는 진화 때문에 중요했다

진화론의 입장에서 보면 호기심은 공포 감정의 반대인 감정이다. 왜냐하면 위험을 피하고 가급적 도전하지 않는 행동을 일으키는 것이 공포감이지만, 호기심은 도전하는 행동을 일으키기 때문이다.

호기심은 공포감처럼 단기적인 흥분 상태를 일으키지 않는다. 그래서 감정에 포함되지 않는 것 같기도 하다. 그러나 감정이라고 생각해보자. 위험의 회피에는 민첩한 행동이 불가결한 반면 위험한 것에 도전하기 위해서는 오랜 기간의 준비 행동이 필요하다. 그래서 호기심은 감정이라고 느끼기가 어려운 것이다.

환경의 변화가 큰 곳에서 생활하는 동물에게는 호기심이 중요하다. 항상 새로운 상황에서 살아갈 방법을 모색해야 하기 때문이다. 그렇지 않으면 멸종에 처할 것이다. 이러한 호기심을 적절히 발휘하는 연습이 되는 행위가 '놀이'이다.

새끼 사자들을 보면 형제끼리 자주 천진난만하게 논다. 주위에는 새끼들을 노리는 포식자가 있을지도 모르는데 무방비로 놀고 있다. 진화론에서는 그러한 위험한 행위가 유지되고 있다면 그 이면에는 반드시 필요성이 숨어 있다고 본다. 새끼 사자들은 놀면서 새로운 것에 도전하는 방법, 타당한 도전의 강도를 익히는 것이다.

인간 사회에서도 최근 놀이의 효용이 대두되고 있다. 게임처럼 룰을 지키는 오락이 아닌, 룰을 스스로 결정하고 자유롭게 놀았던 경험이 얼마나 있었는가가 지능 발달과 정신적 건강에 관여하고 있다고 보고 있다. 인위적으로 놀이를 박탈한 쥐 실험에서 그 인과 관계가 드러났다. *25

아마 자유롭게 노는 경험을 통해서 현재의 환경에서는 어느 정도의 규칙을 만드는 게 괜찮은지 알 수 있기 때문일 것이다. 타인과 함께 놀면서 어느 정도의 규칙이면 따르는지를 학습하는 것이다. 규칙이라는 것 자체가 어떤 연유로 결정되었는지도 직감할 수 있다. 미지의 것에 도전하고 스스로 만들겠다는 마음도 형성되는 것이라고 생각한다.

'놀이'에 이런 효용이 있다고 생각되지만, 그중 대표적인 효용이 호기심을 자극하는 것이다. 다른 동물에서도 볼 수 있기 때문에 호기심도 놀이 행위도 '정글에서 유래한 야생의 마음'에 포함된다고 생각된다.

새로운 것에 도전하는 호기심은 집단의 생존에 꼭 필요했다

호기심 같은 위험을 무릅쓰고 도전하는 행태는 진화론적으로 불리하다. 위험하다 보니 실제로 목숨을 잃는 일도 많다, 자손에게 유전 정보를 전승시키기 어려울 것이다. 그래도 호기심이 진화해왔으니, 그것 이상의 가치가 있는 어떤 사정이 있기 때문이 아닌가 한다.

그 사정이란, 생활환경의 어려움일 것이다. 환경의 변화가 많고 새로운 것에 도전하지 않으면 살아남지 못하는 상황에 닥친 동물들은 진화를 해왔다.

수렵 채집 시대의 인류는 협력 집단에서 살게 되었고, 또 다른 사정이 발생했다. 도전하는 행동을 모두가 취할 필요가 없어진 것이다. 누군가가 위험을 무릅쓰고 도전하면 다른 멤버들은 비교적 편안하게 집단으로 환경 변화에 대응할 수 있었다. 이른바 무임승차 전략이다.

무임승차 전략은 개체로서 진화상 유리하므로 협력 집단은 점점 보수적으로 바뀌는 경향이 있다. 호기심의 유전 정보는 그 보유자가 위험에 도전했다가 실패하는 비율에 따라 점차 줄어갈 것이다. 즉 호기심 보유자는 경쟁에서 밀려 도태될 우려가 있다.

진화론의 관점에서 생각하면, 인간의 호기심 유전 정보는 도태의 방향으로 흐르고 있다. 그 감소 속도는 문명사회가 되고 직면한 환경이 안정될수록 빨라진다는 것이다.

그러나 호기심의 유전 정보가 모두 사라지게 되면, 집단으로 새로운 환경에 적응하기는 불가능하게 된다. 현재 우리가 살아남아올 수 있었던 것은 특정 비율로 호기심의 정보가 남아 있었기 때문이다. 즉 호기심의 유전 정보가 남은 것은 어느 정도 수렵 채집 시대와 관련이 있다.

호기심이 높다는 것은 머리가 좋거나 기술적 재능이 뛰어난 사람일지도 모른다는 증거이다. 기술적 재능이 뛰어난 사람은 창을 만드는 등으로 공헌하여 집단에게 존중을 받을 가능성이 있다. 위험에 도전하는 행동은 개인적으로 불리할 수도 있지만 그것을 넘는 사회적 이점이 있으면 행동에 나섰다.

집단이 변화하는 환경에 대응하려면 위험에 도전하는 사람이 필요하다. 멤버가 모두 두려워하는 사람들만으로 구성되어 있으면 변화하는 환경에 대응할 수 없다. 호기심이 높은 사람이 일정한 비율로 포함되어 있어야 강한 집단이 될 수 있다. 즉 '문명의 마음'에서는 호기심을 특히 중시할 필요가 있다.

또 한 가지, 도전하는 행동을 일으키는 감정으로 '용기'가 있다. 용기도 진화론적으로는 불리하지만 이것이 집단에서 중시된 경위는 이해하기 쉽다.

수렵 채집 시대에 용기를 나타내는 입장에 있던 사람은 생식상의 문제로 거의 남성이었다고 짐작할 수 있다. '용기 있는 남자'는 수렵이나 전쟁에 나아가 대부분은 목숨을 잃었지만 일부 살아 돌아온 남자는 집단 귀환하여 귀한 대접을 받았고 많은 아내를 얻을 수 있었다. 필연적으로 일부다처가 되었던 것이다.

소수의 남자가 다수의 여성을 거느릴 수 있는 구조는 남자가 줄어들어도 문제될 게 없었다. 이러한 경위로 용기라는 감정은 개체로서는 불리하지만 집단의 필요에 의해 살아남을 수 있었다.

용기는 명예에 대한 욕구와 관련이 깊으므로, 바로 다음 장에
서 논의해보자.

CHAPTER 11

명예와 도덕관

"올해 반장으로 뽑힌 사람은 아키라 군이다"라고 선언하고 선생은 아키라에게 손짓을 했다. 아이들은 박수를 보내고 교단에 오른 아키라는 좀 신바람이 났다.

"바로 모두의 의견을 정리해서 오늘부터 청소 당번을 결정해"라는 당부를 하고 선생은 교실을 나갔다. 방과 후 오늘 청소 당번일 것 같은 1조에서는 아무도 남지 않았다. 어쩔 수 없이 아키라는 혼자서 청소를 시작했다.

인간은 명예로운 역할과 찬양이 주어지면 자랑스러워한다. 사람마다 다르겠지만 어느 정도 명예욕도 가지고 있다. 그러나 명예에는 책임과 의무가 따른다. 자랑스러움에는 책임 있는 행동을 해야 한다는 성질도 있는 것 같다.

수렵 채집 시대의 인간은 작은 협력 집단 속에서 평생 살아갔다. '리더를 선정하고 리더를 따른다'라는 상황이 잘 정리되어 있었다. 그 상황은 지속되었고 집단 멤버의 감정도 진화하고 있었다. 그리고 동시에 '리더를 따르지 않으면 부끄럽다'라는 집단의 규칙도 완비되었을 것이다.

하지만 아키라 군의 학교에서는 멤버의 감정도 규칙도 없었다. 현대 사회의 조직 구성의 어려움을 엿볼 수 있는 상황이다.

리더에게는 존경과 감사 등 감정적 보수가 지불되도록 진화했다

침팬지 집단은 복수의 수컷이 집단의 보스가 되어 1순위, 2순위 등 계급이 만들어지고 있다. 순위가 높은 수컷은 많은 새끼를 낳을 수 있었고, 식량도 우선 확보할 수 있었다. 대신에 자신들의 영역을 지키고 앞장서야만 한다는 책임감이 있어야 했다.

수렵 채집 시대의 인간 집단은 분업에 의한 협조를 하고 있었다. 침팬지에 비해서 상당히 평등에 가까운 조직 구성이었을 것이라고 앞에서 설명한 바 있다. 하지만 집단의 행동을 결정할 때에는 리더의 역할을 하는 사람(사람들)이 필요하다.

평등주의 조직에서 리더의 보수를 어떻게 정할지는 어려운 문제이다. 리더에게 너무 많은 식량과 권력, 금전적 보수를 지급하면 침팬지의 계급 집단으로 돌아가는 것이다. 수렵 채집 시대의 인간에게는 이 어려운 문제를 해결하는 방향으로 '감정'이 진화했다.

수렵 채집 시대, 리더는 멤버들의 존경을 받게 되었기 때문에 자랑스럽게 느꼈다. 그리고 리더가 되면 그 역할을 달성할 책임감을 느끼고 책임을 다하면 멤버 모두에게 감사를 받았다.

이 일련의 감정은 현대까지도 대체로 이어지고 있다. 그러나 현대에서는 감정에 관한 기능의 중요성을 과소평가하고 감정이 억제되는 경향이 있다. 그래서 리더에게 주어지는 감정적인 보수가 희미해지고 있다. 만약 리더의 하고자 하는 의욕이 리더 자신의 성취감에만 의존하고 있다면 리더의 일은 그리 오래 가지 못한다. 감정의 기능이 재평가되어야 한다고 생각한다.

집단 속에서의 평판이 살아남는 데 중요하다

멤버로부터 전해지는 높은 평판은 리더의 특질로서 불가결의 조건이다. 수렵 채집 시대에, 집단 내의 평판은 협력 집단 유지에 크게 기여했다고 보여진다. 공평함을 내세우는 집단에서는 다른 시스템이 준비되어 있지 않으면 배신이 유리하게 된다. 배분을 받고 도움을 받으면서도, 자신의 성과는 타인에게 나누어주지 않는 행동이 개인으로서 유리한 것이다.

2장에서 말했듯이 배신감을 느낀 사람은 배신자에 대해서 보복을 하게 마련이다. 분노에 맞닥뜨리면 배신의 태도를 바꾸려고 하지만 그것이 잘 안 되면 신뢰할 수 없는 사람이 되어 이후 협력하기 어렵다. 그런데, 이런 방식은 배신을 방지하는 효과가 낮은 것으로 알려지고 있다. 배신자가 또 다른 사람을 배신하기 때문이다.

집단 내에서 배신을 방지하는 결정적인 구조가 있다. 배신을 당한 사람은 다른 사람에게 그 억울함을 호소하게 된다. 그것이

차례차례로 전달되고, 집단 속에서 배신한 자의 평가는 저하된다. 결과적으로 멤버들이 협력하여 배신자를 배제하게 되는 것이다.

배신자에 속지 않으려면 평판에 민감하지 않으면 안 된다. 자기가 집단에서 배제되지 않기 위해서도 소문에 민감할 필요를 느낀다. 이 마음의 움직임은 '초원에서 유래'한 것임에 틀림없다.

그런데 문명사회가 되어 집단이 유동화하면서 다른 사정이 생겼다. 배신자가 집단을 옮겨 다닐 수 있게 된 것이다. 집단을 넘어선 평판의 전달이 어렵고, 평판을 조작하는 것도 비교적 쉬워졌다. 앞으로의 정보 사회에서는 평판을 둘러싼 사회의 구조를 어떻게 구축할 것인지가 큰 과제이기도 하다. *26

집단의 유동화는 친절한 사람에게도 문제를 유발했다. 작은 집단에서는 집단의 누구라도 원조하는 친절한 사람은 평판이 높아졌다. 친절은 집단에 이익을 줄 뿐만 아니라, 평판이 높아지면 개인적으로도 유리했던 것이다. 특히 신뢰를 잘 평가할 수 없을 경우에도 '누구를 도와줬다'라는 평판은 손쉽게 신뢰를 얻게 했다.

친절은 '초원에서 유래한 마음'의 일부라고 생각된다. 정글에 사는 침팬지에게서는 친절이 결여되어 있는 것으로 보인다. 사실, 침팬지에게서 보이는 협력은 친절과는 무관한 모습인 것으로 관찰되고 있다. 침팬지의 협력은 협력이 필요한 개체가 도움을 청하고, '어쩔 수 없어서' 하는 형태로 이루어진다. 협력에 대한 보답의 행동도 없고 감사의 마음도 없다.

그러면, 인간의 친절 얘기로 돌아가보자. 문명사회에서 집단이 커지거나 유동화하면, '누구든 도와준다'는 개념은 대단히 어려운 일이 됐다. 도움을 원하는 대상이 너무 많아져 친절한 사람은 감당할 수 없게 되어 작은 집단에만 안주하려 할 우려가 있다. 지금 시점에서는 '문명의 마음'에 어울리는 '친절함'을 검토할 필요가 있다.

정보사회에서는 더욱 집단의 확대와 유동화가 가속화하고 있다. 이 때문에 타인의 신뢰를 평가하고 신뢰할 수 있는 상대와 어울리는 방식이 더욱 요구된다. 신뢰의 평가는 '문명의 마음'에 필요한 기능이라 훈련을 통해 쌓을 필요가 있다.

과거에는 집단 밖의 사람은 적이었다

명예로운 입장이 되면 책임감을 갖고 그에 걸맞은 행위를 하는 것이 보통 자연스러운 모습이다. 만약 그렇지 못하게 되면 수치심을 느끼게 된다. 이러한 감정의 씨앗에 해당하는 부분은 '야생의 마음'에 있고, 그것을 교육 등의 문명 환경이 만들어 키운 것이 '문명의 마음'이라고, 진화 심리학에서는 생각한다.

즉 문명사회를 만들고 사람들에게 필요하다고 생각되는 도덕감과 같은 감정의 씨앗이 수렵 채집 시대에 이미 있었던 사람들에게는 쉽게 습득 가능하지만 반대로 그러한 씨앗이 없으면 읽기, 쓰기의 교육처럼 꽤 사회적인 노력을 통해 습득시켜야만 했다.

하버드 대학의 인지 신경 과학자인 조슈아 그린이 실시한 흥미 있는 도덕 인지 실험을 소개하고자 한다. 그는 두 가지로 상황을 설정한 이야기를 보여주고 사람들의 판단을 집계했다. 공통된 설정은 선로에서 다섯 명의 작업자가 공사 중인데 달리는

열차가 진입했고 그 장면에 자신이 있다고 하는 상황이다.*27

첫 번째 상황은 자신이 서 있는 곳에 선로 변환기가 있고 그것을 조작하면 열차는 다른 선로에 유도될 수 있지만 그곳에는 다른 작업원이 혼자 일하고 있다. 두 번째 상황은 자신이 철로 위의 육교에서 살찐 사람과 마주하게 되고 그 사람을 아래 선로에 밀어버리면 열차는 공사 위치 앞에서 멈출 수 있다는 것이다.

어떤 상황도 자신의 행동에 따라 다섯 명의 목숨을 건질 수 있지만 다른 한 명은 목숨을 잃게 된다. 또 다른 선택은 있을 수 없다. 사람들은 어떤 경우를 선택했을까.

결과는 첫 번째 상황에서는 행동을 하겠다고 답한 사람이라도 그 대부분이 두 번째 상황에서는 행동을 하지 않겠다고 대답했다. 두 번째 상황은 첫 번째 상황과 어떤 차이점이 있을까?

우선 사람을 밀어 추락시키는 것은 범죄 행위에 해당하므로 하지 않겠다는 생각이 있다. 그러나 법률로 결정돼 있어서 안 하는 것은 아니다. 전쟁터 등 초법적 상황에서도 사람을 밀어버리는 것은 꺼린다고 상상할 수 있다.

다른 이유로는 가까이에 있는 사람에게 손을 댄다는 심리적인 장벽 때문일 것이다.

수렵 채집 시대 초 집단은 집단 내에 있는 사람들은 협력하는 동료들이지만 집단 밖의 낯선 사람들은 적이었다. 내 구역 내에 들어온 침입자는 쫓아낸다는 '야생의 마음'이 진화했다고 볼 수 있다. 우리에게는, 친밀한 사람은 존중하고 낯선 사람은 경계하고 가볍게 보는 경향이 있다.

집단이 유동화되고 있는 현대 사회에서는 이러한 심리적 경향과 어떻게 타협할지가 어려운 문제이다. 큰 조직에서는 내부의 한정된 조직의 이익을 도모하려다 전체의 이익을 감소시키는 지역주의가 문제가 된다. 큰 조직에서는 인사이동 등으로 이런 문제를 저하시키는 노력을 하고 있다.

동료 의식은 협력 추진의 핵이 되는 마음의 작용이지만, '밖의 사람들은 적이다'라고 생각하는 만큼, 현대 사회에서 문제가 된다. '밖의 경쟁하는 사람들도 동료다'라는 '문명 고유의 마음'을 교육하는 구조가 필요하다. 그 교육에는 배신에 대한 적합한 대응도 포함되어야만 한다.

특정 감정은 지역에 따라 다르게 진화했다

4장에서 조금 다루었는데, 우리 조상들은 6만~5만 년 전에 걸쳐 아프리카를 나와 세계로 퍼져나갔다. 이후 인간의 피부색은 지역의 일조량에 적응하며 다양화되었다. 아프리카에서는 멜라닌 색소가 태양광으로부터 피부를 보호해주는 중요한 역할을 하고 있다. 하지만 위도가 높은 추운 지방에서는 일조량이 적어 태양광을 가로막지 않는 것이 오히려 유리했다. 어느 정도의 태양 광선이 비타민의 생성 등에 필요하기 때문이다.

즉 아프리카에서 진화한 멜라닌 색소 생성 능력이 그것을 필요로 하지 않는 지역에서는 잃어버리게 되었다는 역사적 사실이 있다. 문명이 시작된 지 1만 년도 경과되지 않았기 때문에, 새로운 기능의 유전 정보를 '만들기'에는 시간적으로 부족했다. 그러나 앞의 멜라닌 색소 생성 능력처럼 기능을 '잃는' 방향으로의 변화는 1만 년이라는 짧은 시간에도 용이하게 일어난다.

최근 1만 년의 짧은 기간에도 지역 사정에 따라 특정한 마음의 기능을 상실할 가능성은 크다고 봐야 한다. 예를 들어 지리적 조건으로 거주지 영역 주변이 가혹한 자연 환경인 경우 호기심과 모험심이 강한 유전 정보는 도태될 가능성이 있다. 밖으로 모험을 떠난 사람은 목숨을 잃고 돌아오지 않아 남아 있던 사람들의 후손은 호기심이 낮아지게 될 것이다. [*28]

또 싸움을 일삼으며 승자가 지배하는 역사를 되풀이해온 지역에서는 권력을 추구하는 마음의 기능이 유전적으로 선택되었을 가능성이 크다. 전제정치가 오랜 기간 지속된 지역에서는 내란이 자주 일어나고 권력에 영합하는 경향이 선택적으로 남을 가능성이 있다. 지역 문화는 거기에 살아가는 개인에게 사회적 영향을 미치고 그 후손에게도 유전적인 영향을 끼칠 것이다.

미국의 문화 심리학자인 리처드 니스벳(Richard Nisbett)은 서양인의 인지 성향이 동양인과는 큰 차이가 있다고 밝히고 있다. 예를 들어 닭과 목초의 그림을 보여주고, 소와 가까운 것은 어느 쪽인지 물어본다. 서양인은 닭을, 동양인은 목초를 뽑는 경우가 대부분이다. 서양 문화는 카테고리 분류를 강하게 인지하는 경향이 있어 '어느 쪽이 동물인가'를 생각하고, 동양 문화는 관련성을 강하게 여기기 때문에 동양인은 '소는 풀을 먹는다'라는 생각

을 떠올리는 것이다. *29

이러한 문화에 의한 인지 성향의 차이 중에는 진화론적 영향이 숨어 있을지 모른다. 현재의 문화 심리학에서는 아직 그 가능성을 논하고 있지는 않다.

문화 심리학은 인간이 태어난 이후 문화적 영향을 논하며, 진화 심리학은 인간이 태어난 시점에 갖추고 있는 특성을 논한다. 그 점에서 양측은 언뜻 보기에 반대의 입장에 서 있는 듯하다. 그러나 지역 문화가 진화적인 도태의 기능을 하고, 마음의 기능이 지역의 특성을 가져오게 하는 가능성이 있다. 문화적 영향은 태어난 이후의 인간만이 아니라 인간이 태어났을 때에 가지고 있는 유전 정보의 선택에도 영향을 주는 것이다.

앞으로 지역 문화에 의한 진화적 도태의 영향이 태어난 이후 문화적 영향과 비교해서 어느 쪽이 더 큰 영향을 미쳤는지 판명될 것이다. 다만 세계적으로 인간 교류(인종의 혼혈)가 진행되고 있는 현대 사회에서는 지역 문화 유전의 중요성은 저하되고 있다. 하지만 마음의 작용에 관한 역사적 탐구에서는 문화 심리학과 진화 심리학의 제휴에 큰 기대를 걸고 있다.

CHAPTER 12
행복과 무력감

"당신은 행복한가요?" 거리를 지나가는 사람에게 물어보았다. "행복, 그게 뭐지?"라며 하늘을 우러러보며 대답하는 사람에게 즉각 "그럼, 불행한가요?"라고 재차 물으니, "아니, 불행한 것은 아닌데, 행복한 건가…… 그래도 행복이라는 느낌은 들지 않는데……"

인류의 행복은 사회적 활동이나 학문적 탐구 등 모든 인간 생활의 최종 목표일 것이다. 그러나 행복이 무엇인지 논하기는 상당히 어려운 문제이다. 욕구가 만족되는 상태인가? 그것은 행복의 큰 요소이지만, 그것뿐만은 아닌 게 확실하다. 욕구가 만족된 뒤에는 허탈감이 찾아온다.

원래 생물의 역사는 개체의 행복 향상을 목적으로 진화가 이루어진 것은 아니다. 진화는 세대를 이어가기 위한 사활을 건 생존 경쟁의 역사였다. 그렇기 때문에 진화 심리학에서 보면 행복을 느끼는 것은 인간이 살아남기 위한 '수단'이었다고 생각할 수 있다. 이 관점에서 인간의 '자각적인 의식'의 역할에 대해서 새로운 시각을 얻을 수 있다.

12

행복과 무력감

행복을 느끼는 정도는 유전된다

먼저 사람이 '행복하다'라고 생각하는 것은 행복감이다. 최근의 경험을 되돌아보며 긍정적 감정이 많은 부분을 차지한다고 느낄 때, '행복하다'라고 인식하는 경향이 있는 것 같다. 행복과 행복감에 대해서는 여러 가지 견해가 있을 수 있지만 이 책에서는 그런 관점에서 논의하기로 하자.

이러한 행복감은 실제 체험뿐 아니라 그 체험에서 일으킨 감정의 강도, 그리고 그 기억의 선명함에도 의존하고 있다. 또한 같은 일련의 체험을 통해서 행복감의 크기는 사람에 따라 다르게 나타난다.

실제로 행복을 느끼는 정도(행복감)는 유전에 의해서 어느 정도의 차이가 있다. 외향적인 성격의 사람은 행복감을 느끼기 쉽고 소심한 성격의 사람은 느끼기 힘들다. 성격 차이에 유전이 기여하는 비율이 약 50% 정도이므로 행복감의 유전 기여도 적지 않은 것이다. [30]

외향적인 성격의 사람은 사람과의 연결이 밀접하게 이루어져 있다. 이 책에서 그동안 서술한 바와 같이 감정적인 보수를 얻기 쉽고 행복감을 느끼는 체험이 많다고 말할 수 있다. 소심한 성격의 사람은 세세한 것을 고집하는 사람이다. 성취감을 얻기 힘들고 불안감에 휩쓸리며 긍정적인 체험을 해도 긍정적인 느낌을 갖기 어렵다.

세로토닌 호르몬은 이런 부정적 체험의 기억을 희석하는 작용을 하는 물질이다. 우울증 치료제로서 처방되는 프로작 등의 약제는 세로토닌의 양을 늘리는 작용을 하며, 일정한 치료 효과

도 볼 수 있다. 이 세로토닌 양을 정하는 것이 유전으로 형성된다는 것도 연구로 밝혀졌다. [*31]

행복 감도가 사람마다 다양하다는 사실은 진화의 역사가 단순하게 '행복한 사람이 살아남기 쉽다'는 것은 아님을 나타내고 있다. 행복을 쉽게 느끼는 낙관적인 사람은 상황 판단이 대범하기 때문에 어려운 상황에서 생존하는 데 문제가 있다. 반대로 행복을 느끼기 어려운 비관적인 사람은 상황 판단이 치밀하여 생존에 유리할 수 있다.

현대 사회에서 인간의 행복을 높이려면 본능적인 행복감의 다양성을 이해하지 않으면 안 된다.

행복감은 비교함으로써 느껴진다

행복이 되는 일과 행복감 사이에는 흥미로운 관계가 있다. 복권에 당첨된다든지 가족이 늘어나는 등 긍정적인 체험을 통해 실제로 생활의 질이 향상되어도 3년 정도 지나면 생활상의 만족도는 전과 같은 수준으로 되돌아가기 쉽다. 몸에 장애를 얻거나 육친과 사별하는 등의 부정적인 체험에서도 비슷한 경향을 볼 수 있다.[*32]

일본과 구미선진국은 제2차 세계대전 이후 국가가 풍요로워지고 생활의 질이 크게 개선되었다. 그동안 미국의 일인당 GDP는 두 배 반이나 향상되어, 일본에 비해 다섯 배나 소득이 높아졌다. 하지만 설문에 의한 행복도 조사 결과는 어느 나라든 수십 년 동안 비슷비슷하다. 일본의 소득은 발전이 늦어진 폴란드의 소득에 비해 10배나 높지만, 현재의 평균 행복도는 양국 사이에 거의 차이가 없다.

또, 연봉에 따르는 행복감의 차이에도 뜻밖의 사실이 있다. 어느 정도 이상의 연봉이 되면 그 이상 올라도 행복도의 평균치는 증가하지 않았다. 의식주가 충족되는 수준이 되면 돈은 행복감의 향상에 기여하지 못하는 것이다.

이런 조사 데이터는 행복감이 상대적임을 나타내고 있다. 주위 사람들에 비해서 얼마나 자신은 긍정적 상태에 있는지, 몇 년 전에 비해서 어느 정도 문화생활은 향상되었는지 등 기준을 통해서 행복을 인지하는 것이다. 그래서 '행복해서 행복하다'라는 느낌을 느낄 수 없게 된다.

프랑스의 저명한 사상가인 조르주 바타유(Georges Bataille)는 '과잉=탕진'이라는 용어로 인간의 본성을 표현하고 있다. 인간은 욕구의 만족을 참아내며 욕구가 극도로 높아진 과잉 상태를 스스로 만들어낸다. 그러한 상태가 되어 욕구에 대한 충족을 탕진하면서 큰 쾌감을 얻는다고 그는 지적하고 있다.

마을의 축제 등 전통적 혹은 종교적 행사에서는 이러한 측면을 자주 볼 수 있다. 일상의 고된 노동을 계속하면서 1년에 한 번의 축제를 기대했다가 그날이 오면 울분을 한꺼번에 쏟아낸다는 것이다. 현대에도 매일 일하며 번 돈을 조금씩 모아두었다가 (과잉) 어느 날엔가 일시에 쓴다(탕진)라는 것은 자주 있는 소비 행동 패턴이다.

한꺼번에 내뱉는 것이나 확 쓸 때는 쾌감이 일어나지만 일상적으로 조금씩 쓰는 것에서는 긍정적인 감정이 높아지지 않는다. 바타유의 지적은 행복감은 포화하기 쉽고 일상적인 행복은 지속하기 어렵다는 경향을 간파한 점에서 핵심을 찔렀다고 할 수 있다.

행복을 느끼는 주체는 의식이다

행복의 진화적 역할을 깊이 생각하기 위해 행복을 느끼는 주체에 대해서 생각해보자. 행복을 느끼는 주체는 우리가 자각하는 '의식'이다.

1장에서, 공포감의 역할 중 하나는 '의식에 대한 개입'이라고 말했다. 위험한 상태의 접근을 감지한 무의식이 의식에게 경보를 울리고 의식은 그에 따라 의식적 사고를 중단하고 경계하는 것이다. 행복의 경우도 이와 마찬가지로, '의식에 대한 개입'의 역할이 있는 것 같다.

8장에서는 '통증'을 다뤘었다. 통증을 느끼는 주체도 역시 의식이다. 무의식은 통증을 느끼지 않는다. 비록 느끼고 있다고 해도 의식이 느끼는 통증과는 다르다. 통증은 의식의 작용을 통해 그 아픔의 원인을 어떻게든 해소하는 노력을 불러낸다. '의식의 개입'이다. 통증을 느낀다면 그러한 '의식의 개입'이 생존에 유리했기 때문이다.

행복이 의식에 개입하면 의식적 사고의 목표가 되는 듯하다. 무의식의 차원에는 살아남기 위한 많은 자동적인 마음의 기능이 있다. 의식주가 충족되는 상태를 지향하는 기능이 의식에 '행복감의 추구'로 개입하는 것이다. 의식은 행복을 찾아서 의지 판단을 하고 목표가 성공적으로 달성되면 행복감을 느끼게 된다.

만약 이러한 분석이 옳아서, 의식주가 충족되어 살아남는 데 문제가 없는 상태가 되면 어떻게 변할까? 행복은 의식에 개입하지 않게 될 것이다. 긍정적 상태가 계속되면 행복감은 그리 오래 지속되지 못하기 때문이다.

의식이 진화에 관여하게 된 것은 환경의 거센 변화에 대응하기 위하여 복잡한 생각을 할 필요를 느꼈기 때문이다. 살아가는 전략을 유전 정보에 기록하는 것보다 태어난 이후 경험에 의해 보다 좋은 쪽으로 전략을 바꾸는 편이 효과적이었기 때문이다.

살아남는 데 문제가 없는 상태가 되면 행복에 구애받지 않고 수많은 감정이 의식에 영향을 미칠 수가 있다. 원래 무의식적으로 생활해도 충분한 상태였기 때문에 의식 그 자체도 필요 없게 될지 모른다.

문명화와 함께 진정한 행복은 줄어들었다

침팬지를 보면 의식은 있지만 행복감은 없는 듯하다. 확신할 수는 없지만 의식은 '정글에서 유래'하고, 행복감은 '초원에서 유래'한 것 같다.

그러나 현재 인간의 행복감은 수렵 채집 시대에 맞춘 그 상태 그대로임에 틀림없다. 즉 '문명 고유'의 행복감은 미완성인 것이다.

수렵 채집 시대는 좀처럼 채워지지 않는 의식주가 충족되는 행복, 위험한 환경에서 어떻게든 살 수 있게 된 행복, 가족적인 연결이 가능한 행복, 집단에 공헌하고 칭찬을 받는다는 행복 등으로 행복감의 구조가 형성되었다. 행복감을 목표로 하고 의식을 곤두세우면 그것으로 생존과 연결되는 '행복한 시대'였다.

그런데 현대 사회에서는 상황이 달라졌다. 과학 기술이 발전하면서 의식주가 비교적 저렴하게 제공되고 안전과 위생 상태도 확보되었다. 의식주가 충족되고 어느 정도 장수하는 것은 당연한 일이 되었다. 그렇지 않은 인생은 불행으로 여겨진다.

또한 현대 사회의 집단은 유동화하고 가족적 연결이 어렵게 되었다. 이른바 집단의 멤버를 찾아서 집단 자체가 변화하는 시대이다. 기계화도 진전되어 단순 노동만으로 집단에 기여하는 구도는 점점 힘들게 되었다.

더구나, 멤버 이동은 집단의 교육적 측면을 훼손했다. 일을 가르치기보다 일을 더 잘할 수 있는 사람으로 교체하기 때문이다. 모든 사람들이 집단에서 사회적으로 얻는 행복감이 희미해지고 있다.

그래도 최소한의 삶에 문제가 없다면 진화적으로는 성공이라 할 만한 상태이다. 행복감을 과도하게 추구하는 것을 그친다면 의식은 줄어들어 무위자연의 경지에 이를 것이다. 문명화가 인간의 일을 대신할 수도 있기 때문에 현재 인간에게 행복을 준다기보다는 무력감을 주는 것 같다.

다양한 집단에 속해 다양한 행복을 추구하는 것이
미래의 모습이다

무위자연도 좋지만 이는 더 이상 생기와 행복을 느끼지 못하는 상태로 만들기 쉽다.

요즘 우울증 환자가 늘고 있는데, 사람들이 무력감을 냉철하게 인지하게 되어서 그런지도 모르겠다. 사람들은 보통 자기 힘을 과대하게 봄으로써 무력감을 최소화했다. 즉 희망 사항이라 표현할 수 있다.

그러나 우울증 환자는 비교적 정확하게 자기 힘을 평가하는 경향이 있다. 정직한 사람이 병을 얻게 되면 사회는 기만에 가득 차게 될 것이다. 그것은 심각한 문제이다.

'문명의 마음'에는 의식 작용의 가치를 재인식하고 다시 의식이 생생하게 활동할 수 있는 구도가 필요하다. 수렵 채집 시대의 집단으로 되돌아가는 것도 하나의 선택 사항이지만 그 또한 문제가 있다. 융통성이 없는 집단은 일그러진 인간관계에 얽매일 수 있다는 마이너스 측면도 지니고 있기 때문이다.

개인에 맞는 다양한 행복을 받아들이는 이상적인 커뮤니티에는 집단의 다층성(多層性)이 필요하다. 개개인이 많은 집단에 소속되어 느슨한 연결을 쌓고 그중 몇 가지에서는 긴밀한 유대 관계를 실현하는, 그러한 일이 가능한 커뮤니티가 요구된다.

관계에 의한 행복은 몇몇의 집단에서 실현되고, 공헌에 의한 행복은 또 다른 몇몇 집단에서 실현되고 있는 상태이다.

미래 사회의 방식을 구체적으로 묘사할 단계는 아직 아니지만 진화 심리학에 의해, '문명의 마음'을 어떻게 디자인할 것인지에 대한 방향성은 매우 명확하게 보여진다.

맺음말

인류가 탄생한 지 300만 년 가까이 경과하고 있습니다. 부모가 아이를 얻기까지 20년이 걸린다면 약 10만 세대 이상이 경과한 것입니다. 지금 살고 있는 우리는 10만의 부모들이 생존에 성공한 결과입니다. 우리는 이른바 '승자들의 후예'이기 때문에, 살아남기 위한 많은 마음의 구조도 갖고 있습니다.

또 우리 중 누군가 두 사람을 추적하여, 까마득한 옛날 부모들을 살펴보면 반드시 동일 인물이 있습니다. '인류는 모두 형제'라고 하는데 정말 그렇습니다. 그래서 우리들 마음의 기능의 본질은 상당히 유사합니다.

진화 심리학은 이러한 생물로서의 역사를 바탕으로 인간 마음의 작용에 대한 공통성과 다양성을 분석합니다. 이 책에서는 감정을 단면으로 '야생의 마음'이 어떻게 진화해왔는지, 그것을 활용하고 '문명의 마음'을 쌓는 데는 어떻게 하면 좋은가를 생각해보았습니다. 인간 이해의 시야가 확산됐다고 독자 여러분이 느껴 지셨다면 다행입니다.

마지막으로 진화 심리학에 관한 오해에 대해서 몇 가지 보완 하고자 합니다.

진화 심리학의 논의는 "위로부터 바라보는 시각이라 싫다"라 는 말을 자두 듣습니다. 확실히 우리의 마음 자체가 생물 진화 의 테두리 안에서 완성되었다는 전제는 그것이 옳더라도 다소 혐오감이 있을 수 있습니다.

그러나 이러한 혐오감은 본래 인간끼리의 경쟁에서 유래합니 다. 위에서 바라보는 관점에서는 다른 사람으로부터 지배받으며 착취당할 위험이 있습니다. 또한 자신의 마음의 기능이 누군가 에게 들키면 협상에서 불리한 입장이 되어버립니다. 그래서 우리는 위에서 보는 시각에 민감하고 불리한 상황에서 벗어나고자 혐오하는 것입니다.

학문적 논의에서의 주장은 사람들을 지배하기(과거엔 그러한 사례도 있었지만) 위한 게 아닙니다. 혐오감을 넘어 많은 분들이 학문적 탐구에 흥미를 갖고 있다고 생각합니다.

또 '야생의 마음'이 생물 진화의 테두리 안에서 완성되었다고 해도, '문명의 마음'에는 그것으로부터 벗어날 가능성이 큽니다. 진화 심리학의 논의는 유전 정보에 의한 결정론을 주장하는 것도, '자연으로 돌아가'라는 것을 주창하는 것도 아닙니다. 미래의 목표와 거기에 이르는 이치를 분명히 하고자 함입니다.

문명사회에 어울리는 '마음의 디자인'을 모색한다는 것입니다.

미래를 위한 '마음의 디자인'에는 그것을 뒷받침하는 사회 구조의 확립도 중요합니다. 진화 심리학은 단순한 심리학의 한 분야에 그치지 않고 경제학이나 사회학, 조직론과 커뮤니케이션론 등 여러 분야에 관련된 시각을 제공하고 있습니다. 그리고 앞으로 더욱더 주목받을 것입니다.

이 책은 메이지대학대학원 정보 커뮤니케이션 연구과에서 논의된 것을 바탕으로 하고 있습니다. 논의한 대학원생을 비롯하여 행동경제학연구소, 의식정보학연구소, 과학커뮤니케이션연구소의 참가 멤버께 특히 감사드립니다.

이시카와 마사토

참고 문헌

*1
心には大きく分けて二つの仕組みがあるという議論は、キース・スタノヴィッチ『心は遺伝子の論理で決まるのか〜二重過程モデルでみるヒトの合理性』(椋田直子訳、みすず書房、二〇〇八)にまとめて記述されている。

*2
シャクターらの実験の詳細については、たとえば、菊池聡ほか編『不思議現象なぜ信じるのか〜こころの科学入門』(北大路書房、一九九五)などを見よ。

*3
アントニオ・ダマシオが提唱したソマティク・マーカー仮説は、彼の著書『生存する脳〜心と脳と身体の神秘』(田中三彦訳、講談社、二〇〇一)に詳しい。

*4
行動経済学については、友野典男『行動経済学〜経済は「感情」で動いている』(光文社新書、二〇〇六)が参考になる。

*6
感情の研究に生物学的観点が重要であることは、藤田和生編『感情科学』(京都大学学術出版会、二〇〇七)などを見ることによってよくわかる。またその観点は心理学分野にも導入されつつある。大平英樹編『感情心理学・入門』(有斐閣、二〇一〇)を見よ。

*6
本書の基盤となる考え方は、認知科学モデルとして提唱された「アージ理論」である。戸田正直『感情〜人を動かしている適応プログラム』(東京大学出版会、一九九二)を参照されたい。

*7
恐怖を警報装置とみなした比喩については、ディラン・エヴァンズ『超図説 目からウロコの進化心理学入門』(小林司訳、講談社、二〇〇三)に解説されている。

*8

サルを使った表情認知実験は、NHK「ためしてガッテン：一触即発！夫婦ゲンカ怒りの心理学」（二〇〇七年一一月七日）で放映された。

*9

最後通告交渉ゲームと感情の関係について、筆者は以前にも議論している。石川幹人『心と認知の情報学～ロボットをつくる・人間を知る』（勁草書房、二〇〇六）を見よ。

*10

生得的な男女差研究の成果は、最近多くのテレビ番組でとりあげられている。たとえば、NHKスペシャル取材班『だから、男と女はすれ違う～最新科学が解き明かす「性」の謎』（ダイヤモンド社、二〇〇九）を見よ。

*11

教育改革の根拠となる議論は、医学者のレナード・サックスによる『男の子の脳、女の子の脳～こんなにちがう見え方、聞こえ方、学び方』（谷川漣訳、草思社、二〇〇六）に詳しい。

*12

嫉妬に関する男女差の議論は、デヴィッド・バスによる『女と男のだましあい～ヒトの性行動の進化』（狩野秀之訳、草思社、二〇〇〇）や『一度なら許してしまう女 一度でも許せない男～嫉妬と性行動の進化論』（三浦彊子、PHP研究所、二〇〇一）に展開されている。

*13

選択肢の数の多さが後悔を助長するという議論は、バリー・シュワルツ『なぜ選ぶたびに後悔するのか～「選択の自由」の落とし穴』（瑞穂のりこ訳、武田ランダムハウスジャパン、二〇〇四）による。

*14

言語の起源に文が先行したという議論は、岡ノ谷一夫『言語の起源と脳の進化』（『脳研究の最前線（上）脳の認知と進化』第四章、講談社ブルーバックス、二〇〇七）に詳しい。

*15
ミラーニューロンは、イタリアの研究者ジャコモ・リゾラッティとコラド・シニガリアが実験中に偶然見つけた。彼らの著書『ミラーニューロン』(柴田裕之訳、紀伊國屋書店、二〇〇九) を見よ。

*16
チベットモンキーの生態は、NHK「ダーウィンが来た！：サルの赤ちゃん明日にかける橋」(二〇一〇年四月一八日) で放映された。

*17
サルの毛づくろいの役目を人間では言語がにない、言語の進化に貢献したという議論は、ロビン・ダンバー『ことばの起源～猿の毛づくろい、人のゴシップ』(松浦俊輔・服部清美訳、青土社、一九九八) で展開されている。

*18
男女の能力の平均的差異は、サイモン・バロン＝コーエン『共感する女脳、システム化する男脳』(三宅真砂子訳、日本放送出版協会、二〇〇五) に学術的議論が、日経サイエンス編集部『別冊日経サイエンスこころと脳のサイエンス02「特集男と女」』(日経サイエンス、二〇一〇) に最近の研究動向が紹介されている。

*19
平均的に男性が高い能力を社会が重視している問題は、スーザン・ピンカー『なぜ女は昇進を拒むのか～進化心理学が解く性差のパラドクス』(幾島幸子・古賀祥子訳、早川書房、二〇〇九) に詳しい。

*20
幻肢研究の実態は、ヴィラヤヌル・ラマチャンドラン『脳のなかの幽霊』(山下篤子訳、角川書店、一九九九) に詳しい。

*21
チンパンジーの「今ここに生きる」生き方は、松沢哲郎『想像するちから～チンパンジーが教えてくれた人間の心』(岩波書店、二〇一一) に紹介されている。

*22

高校生の超常信奉調査は、松井豊・上瀬由美子『社会と人間関係の心理学』(岩波書店、二〇〇七) に報告されている。

*23

赤ちゃん実験にもとづいた生得性の議論は、スティーブン・ピンカー『心の仕組み〜人間関係にどう関わるか(上・中・下)』(椋田直子・山下篤子訳、NHKブックス、二〇〇三) に詳しい。

*24

赤ちゃん実験の実際については、板倉昭二『心を発見する心の発達』(京都大学学術出版会、二〇〇七) を参照されたい。

*25

遊びの効果の議論は、ウェンナーの「遊ばないとダメ!」(『別冊日経サイエンスこころと脳のサイエンス』、日経サイエンス、二〇一〇) に整理されている。

*26

現代のネットワーク社会における評判の問題は、山岸俊男・吉開範章の『ネット評判社会』(NTT出版、二〇〇九) に詳しい。

*27

ジョシュア・グリーンの道徳認知実験と彼の道徳認知研究室の活動については、彼のホームページ http://www.wjh.harvard.edu/~jgreene/ を見よ。

*28

文明社会における選択的な淘汰による進化については、グレゴリー・コクランとヘンリー・ハーペンディングによって、『一万年の進化爆発〜文明が進化を加速した』(古川奈々子訳、日経BP社、二〇一〇) のなかで、議論されている。

*29

文化による心理的な傾向性の顕著な違いは、リチャード・ニスベット『木を見る西洋人森を見る東洋人〜思考の違いはいかにして生まれるか』(村本由紀子訳、ダイヤモンド社、二〇〇四) に詳しい。

*30

性格や体格、能力などの遺伝による寄与は、双子の研究から統計的に算出されている。長谷川寿一・長谷川眞理子『進化と人間行動』(東京大学出版会、二〇〇〇) の六五ページに整理された表が、掲載されている。

*31

生理学的な知見を含めた幸福感の議論については、大石繁宏『幸せを科学する～心理学からわかったこと』(新曜社、二〇〇九) を見よ。

*32

幸福心理と社会の関係については、ダニエル・カーネマン『ダニエル・カーネマン心理と経済を語る』(友野典男監訳、楽工社、二〇一一) および、〈＊13〉のシュワルツの文献に詳しい。また、『科学:特集 幸福の感じ方・測り方』(岩波書店、二〇一〇年三月号) も参考になる。

옮긴이 **박진열**

대학에서 일본문학을 전공했으며, 일본 도서의 수입과 판매를 경험하고,
대형 서점의 MD로 오랜 기간 종사했다. 현재, 양서의 외국 출판물을
국내에 소개하며 출간하는 일에 매진하고 있다.

감정은 어떻게 진화했나

초판 1쇄 발행 2016년 7월 31일
초판 2쇄 발행 2018년 8월 31일

지은이 | 이시카와 마사토
옮긴이 | 박진열
펴낸이 | 박래풍

펴낸곳 | 라르고
등 록 | 2015년 10월 20일(제2015-44호)
주 소 | 서울시 광진구 자양동 598-23
전 화 | 02-395-2202
팩 스 | 02-395-2203
이메일 | park0197320@naver.com

ISBN 979-11-957274-1-4 03180